まるごとガイドシリーズ❷

資格のとり方・しごとのすべて

介護福祉士
［かいごふくしし］

まるごとガイド

日本介護福祉士会／監修

第4版

ミネルヴァ書房

はじめに

　介護福祉士とは、1987（昭和62）年に制定された国家資格であり、さまざまな疾病や障害によって生活に支障がある人に対して、心身の状況に応じた介護を行い、その人が自立した生活を送れるように援助していくための専門資格です。
　登録者数も140万人を超え、今もっとも注目されている資格の一つです。
　少子高齢化社会を見据えた諸施策の一つとして、2000年4月に介護保険制度が施行され、その後、2006年4月には制度の改正が行われました。また、1987年に成立した「社会福祉士及び介護福祉士法」も2007年12月に大幅に改正されました。このことにより、介護福祉士にはより専門的な技術・知識が必要となり、今まで以上に多様なニーズにこたえていかなければなりません。
　本書は、介護の仕事の意義という基本から、資格を得るための方法、実際の業務の内容や、専門性をより発揮するための方策について、さらには資格を持ち実際に仕事をしている人の様子などもわかるように構成されており、興味を持ち始めた志望者だけでなく、実務経験者や、これから後進の指導にあたる人にも役立つ内容となっています。
　超高齢社会が到来したいま、福祉サービス・介護サービスをさらに充実させる必要に迫られており、介護福祉士には、福祉社会を牽引するリーダーとしての役割と、そのための資質の向上が求められています。
　21世紀の福祉社会の発展のために、ともに手を取り合っていこうではありませんか。

公益社団法人
日本介護福祉士会

もくじ

●プロローグ

STEP1 　介護の仕事の魅力は何でしょう？ ── 6
STEP2 　介護福祉士の実際の仕事ぶりを知ってください ── 8
STEP3 　確かな知識と技術を身につけてかかわりたい ── 10

第1章　「介護福祉士」は介護の専門家としての国家資格です

1. 介護福祉士ってどんな資格？ ── 14
   ●メモ1　国家資格ってどんな資格？ ── 17
2. 介護の仕事の中身はさまざま ── 18
   ルポ1　人にはたらきかけると反応が返ってくるのが楽しい ── 22
3. 介護福祉士に求められる資質は？ ── 26
   インタビュー1　大先輩介護福祉士にきく／質の高い人材が質の高いサービスを生む ── 28
4. 資格を取るには？ ── 30
   ●立ち止まってチェック！
   あなたにはある？　介護の仕事に必要な資質 ── 33

資格を生かす職場は施設や個人宅など

1. 職場は利用者とサービス形態により各種ある ── 36
2. 高齢者を対象とした入所・生活施設で働く ── 38
   - ルポ2　自分が必要とされていることを実感できて、すごくうれしい ── 42
3. 自宅で暮らす高齢者を対象としたサービスで働く ── 46
   - ルポ3　利用者が長年築いた土台の中に自分が入って行ってお手伝いをしたい ── 50
4. 障害者を対象にした施設・サービスで働く ── 54
   - ルポ4　「ここにいてよかった」と思ってもらえたら ── 56
   - ●メモ2　障害者総合支援法って？ ── 60
   - ●立ち止まってチェック！
     あなたに向いているのはどんな職場？ ── 61

職業生活の実際は…

1. 勤務形態はさまざま ── 64
   - ●メモ3　夜間対応型訪問介護ってどんなもの？ ── 67
   - ルポ5　夜勤は体力的にきついが助けを求めている人の役に立てる満足感がある ── 68
2. 気になる待遇は？ ── 72
   - ●メモ4　給料はどこから出るの？ ── 75

3

3. 精神的な満足度は？ —— 76
   - ●立ち止まってチェック！
     介護福祉士の職業生活理解度をチェック —— 79

第4章 考えておきたい 介護福祉士のこれからの可能性

1. これからの介護はどうなる？ —— 82
   - ●メモ5　小規模多機能型って何？ —— 85
   - ルポ6　スケジュールは特に決まっていない　話の流れの中で何をするかが決まっていく —— 86
2. 資格取得後の可能性を探る —— 90
   - ●メモ6　生涯研修制度って？ —— 93
   - インタビュー2　ステップアップした介護福祉士にきく／多様な経験と勉強が、仕事で生きる —— 94
3. いざ仕事を探すには —— 96
   - ●立ち止まってチェック！
     あなたはどんな働き方をしたい？ —— 99

第5章 あなたに合った資格の取り方を探しましょう

1. 自分に合ったコースを選ぶ ── 102
   - ●メモ7　通信教育で資格は取れない？ ── 105
2. 学校選びのポイントは？ ── 106
3. 養成施設で習う内容は？ ── 108
   - ルポ7　最初はできなくて泣きそうでも「ありがとう」の一言がうれしくてだんだんできるようになる ── 110
4. 実務経験を生かして資格を取るには ── 114
   - インタビュー3　国家試験に合格した人にきく／必要な介護知識は仕事の中で身につく ── 120
5. 国家試験の概要 ── 122
   - ●立ち止まってチェック！あなたはどのルートをめざす？ ── 126

●役立ち情報ページ

介護福祉士受験資格の取れる学校リスト ── 128
問い合わせ先一覧 ── 143
就職先を探すリスト ── 145
日本介護福祉士会倫理綱領 ── 149

プロローグ

STEP 1 介護の仕事の魅力は何でしょう？

人が働く目的は何でしょう。収入を得て暮らしを立てる。自分の能力を高める。人に認めてもらう。有名になる。人の役に立つ。社会に参加する。働く目的はいろいろあって、その人によって優先順位は違ってきます。

　高度成長の時代には、経済的に豊かになるために自分の能力を最大限に発揮することが、多くの人の仕事の目的であり、生きがいでした。少しでも収入を増やし地位を高めるために、がむしゃらに勉強したり働くことが価値があることだと思われてきました。

　しかし、いまは低成長の時代です。会社のために一生懸命働いたにもかかわらずリストラで切り捨てられたり、忠誠を誓った会社があっけなく倒産したりして、地位やお金のために必死で働くことにむなしさを感じる人が増えています。そして、単にお金を稼ぐだけではなく、やりがいを感じられる仕事が求められています。

　介護は、けっして楽な仕事ではありません。

　夜勤や日曜出勤はあたりまえ。大きな身体の人を抱えあげることもあって、体力的にきつい仕事です。他人の下の世話をしたり入れ歯を掃除したりと、身内でもためらうような仕事もあります。とこ

ろが、せっかくがんばってやっていても、利用者に怒鳴られたりいやがられたりすることがあります。

　また、介護福祉士の資格を取って専門家として働くためには、時間をかけてむずかしい勉強をして、養成施設を卒業するか、または450時間の実務者研修を経て国家試験に合格しなくてはなりません。

　そんなに大変な仕事なのに給料は公務員並みならばよいほうで、けっして高給とはいえません。

　けれども、介護は人の役に立ち、大勢の人に喜ばれる仕事です。入浴を介助して「ああ、気持ちいい」とにっこり笑ってもらえたとき。介護疲れでこわばっていた家族の顔が、あなたの手助けでゆとりができて、ほころんできたとき。そんなうれしさを体験すれば、それまでの苦労は吹き飛んでしまうことでしょう。

　そして、大勢の人生と出会い、ぬくもりを身近に感じて生きるすばらしさもあります。

　いま、介護の手は求められています。あなたが求められているところで、人とふれあい、喜ばれる仕事をする。介護は、そんな大きな魅力をもった仕事なのです。

STEP 2 介護福祉士の実際の仕事ぶりを知ってください

在宅介護

デイサービスセンター
細谷明子さん
→ルポ1

訪問介護事業所
櫻井美香さん
→ルポ3

夜間対応型訪問介護事業所
伊勢名奈子さん
→ルポ5

高齢者在宅サービスセンター
和泉澤佑さん
→インタビュー3

居宅介護支援事業所
長嶋美穂さん
→インタビュー2

介護福祉士はどんな仕事をしているのでしょう。介護福祉士が介護する対象には高齢者も障害者もいます。また、自宅で暮らす人、施設で暮らす人と、暮らし方もさまざま。介護福祉士の仕事内容も、それに合わせてさまざまです。この本では、介護福祉士の職場を訪れ、仕事ぶりをルポやインタビューにまとめました。クローズアップしたのは、9人の介護福祉士とひとりの学生。介護福祉士がどんな職場で、どのように考え、どんな仕事をしているのか。また、どのように学んでいるのか。どうぞ知ってください。

施設介護

特別養護老人ホーム
若林敦士さん
→ルポ2

小規模多機能型施設
柳下理枝子さん
→ルポ6

障害者支援施設
宮前篤史さん
→ルポ4

日本介護福祉士会・前会長
石橋真二さん
→インタビュー1

介護福祉士養成校・学生
土切麻実さん
→ルポ7

介護福祉士の実際の仕事ぶりを知ってください

STEP 3 確かな知識と技術を身につけてかかわりたい

介護に関する社会の考え方は、介護保険以降大きく変わりました。以前は、介護は家族がするものであり、身寄りがないなど家族の介護を受けられなくて困っているひとだけを、行政が施設に受け入れて助けるものと考えられていました。ですから、介護サービスを利用することは家族を見捨てることであり、恥ずかしいという意識が強かったのです。

しかし高齢者の割合が増えて、介護を必要とする人が多くなってきたのにもかかわらず、核家族化や共働き世帯の増加などにより、家族内で介護を支える力は弱くなっています。また、ライフスタイルの変化で、高齢者や障害者の中でも、家族の負担になるよりも、できるだけ自立して暮らしたい、そのためには社会的なサービスを利用したいと考える人が増えてきました。

つまり、社会に介護サービスの提供が求められているのです。

2000年4月から導入された介護保険制度では、そういう利用者の意識の変化を反映して、介護サービスは行政から与えられるものから、必要な人が必要なときに利用するものへと変わりました。ほとんどが公金でまかなわれていたサービス費用の半分に、40歳以上の

被保険者が支払う保険料や利用者の一部負担金をあてることで、行政から押しつけられるサービスではなく、自分が受けたいサービスを利用者自身が選べるようになったのです。

これは、ともかく最低限の暮らしを確保するのではあきたらず、個人の習慣や嗜好に合わせてQOL（生活の質）を高めたいという利用者の要求の変化にも対応するものです。そして、そのためには施設に入って一律の管理を受けるよりも、自宅に居ながら、さまざまなサービスを組み合わせて利用して、自分に合った生活を送ることが望まれます。

そういう多様な要求にこたえていくには、介護をする側に専門的な知識や技術が必要です。

家族の介護とは違い、社会が提供する介護は、プロが行うものでなくてはなりません。利用者の身体や精神の状態、家族や住居の環境、利用者の嗜好や習慣などに合わせて、最適なサービスを提案し提供していくには、幅広い知識や技術が必要です。

これからの介護福祉士には、そういう専門家としての力が求められているのです。

プロローグ──確かな知識と技術を身につけてかかわりたい

第1章
「介護福祉士」は介護の専門家としての国家資格です

介護福祉士とはどういう資格で、
どのような仕事をするのでしょう。
どうすれば資格を取ることができるのでしょう。
さらに、いま介護福祉士はどのような立場にあり、
今後社会はどのように変わっていくのでしょう。
介護福祉士について、最初に総合的な情報を整理しておきましょう。

第1章 1. 介護福祉士ってどんな資格?

●介護福祉士は「名称独占」の国家資格

「介護福祉士」とは、介護の専門家として国が認定する国家資格です。国家資格には「業務独占」のものと「名称独占」のものがあり、介護福祉士は「名称独占」の資格です。

「業務独占」の場合は、資格を持っていないと、その仕事をすることができません。たとえば医師免許を持たない人が診断や治療を行ったり、登録税理士などの資格を持たない人が納税者の依頼で税金の相談に乗ると罰せられます。業務独占の国家資格には、医師、弁護士、税理士などがあります。

これに対して「名称独占」の資格は、その仕事について一定レベルの専門知識や技能を持つことを認め、社会的地位を保証するのが目的です。資格を持たない人がその名称を名乗ることは禁じられていますが、法律上は、資格を持つ人と持たない人で、やってよい仕事の内容に違いはありません。名称独占の資格には、介護福祉士のほかに社会福祉士、栄養士、管理栄養士などがあります。

つまり、介護福祉士の資格を持っていなくても、介護の仕事をすることは可能です。それでは、介護福祉士の資格を取ることに意味がないかというと、そんなことはありません。

介護福祉士であるということは、国が認めた介護の専門家だということです。介護サービスの利用者や家族に対しては、信頼の目安となるでしょう。また、就職のときに有利になることがあります。最近では、介護福祉士の資格を持つ人を優先して採用する職場が増えてきました。職場によっては就職後、給与な

QOL
生活の質。クオリティ・オブ・ライフの略。単に生存するのではなく生きる価値を見いだすために重視されるようになった。

どの待遇面で優遇されることもあります。もちろん、主任やチーフなどリーダーの役割を果たす人には、みなが納得する専門家の証として資格が求められるでしょう。また、介護福祉士の資格は、介護保険の介護報酬の額に影響を与えます。さらに、介護支援専門員（ケアマネジャー）になるための要件の一つにもなります。

しかしいちばん大切なのは、自分が専門家であるという誇りを持って仕事にのぞめることかもしれません。介護福祉士は、介護の仕事をするうえで仕事に生かしていく資格です。取っておけば有利というのではなく、取った時点から専門家として勉強し、自己研鑽を積むことが始まると考えたほうがよいでしょう。

●求められる介護の専門家

介護は、そもそもだれがするべきことなのでしょう。

日本はすでに、65歳以上の高齢者の割合が人口の25％を突破した超高齢社会です。そして高齢者の割合はさらに年々増加し、介護を必要とする高齢者の数は増えつつあります。ところが、家庭内や地域社会で介護を支える力は、逆に減少してきています。

たとえば核家族化によって、高齢者夫婦のみや高齢者のひとり住まいの世帯が増えています。また共働き世帯の増加により、働き盛りの世代で昼間家庭にいる人が少なくなりました。あまり干渉し合わない都会型の生活では、近所の人にちょっと助けを求めることも、しづらくなっています。さらに少子化の影響で、男女を問わず独身の子がひとりで親の介護をするケースが増え、仕事を続けられずに経済的にも困窮するという問題が目立ってきています。

このように社会が変化してきた結果、介護の必要な高齢者や障害者を家庭や地域社会の力だけで支えるのではなく、社会全体で対応していこうという考え方があたりまえになってきました。

それから、介護に求められる質も変化してきています。人間社会が豊かになりゆとりが生まれたことで、ただ生きていればよしとするのではなく、QOL（生活の質）を重視しようとする考え方が広まってきました。一方、医療や介護技

【業務独占の資格は名称独占でない？】

A 業務独占の資格も、ほとんどがその名称を勝手に使ってはならない名称独占の資格でもある。

術の進歩により、さまざまな障害に応じた治療や介護を行うことが可能になりました。その結果、介護にもより高度で多様化した内容が求められるようになっています。

このようなことから、専門知識や技術を持ったプロとして介護サービスを行ったり相談に乗ったりできる介護の専門家が社会的に望まれるようになりました。そこで、1987年に「社会福祉士及び介護福祉士法」が公布され、社会福祉の専門家としての社会福祉士と介護福祉士が誕生したのです。さらに施行後20年以上が経ち、社会福祉士と介護福祉士により大きな期待が寄せられる中で、同法は2007年12月に大幅に改正されました。

社会福祉士は、日常生活を営むのに支障がある人に、福祉に関する相談に乗り、助言や指導、関係者との連絡・調整を行います。介護福祉士は、その人の心身の状況に応じた介護を行うのが仕事です。

●増加する資格取得者数

「社会福祉士及び介護福祉士法」が公布された2年後の1989年には第1回介護福祉士国家試験が実施され、1989年度末までに3073人が介護福祉士として登録をしました。以後、資格取得者（登録者）は増加を続け、2016年3月末現在、全国で140万8533名が登録しています。

法律施行から30年近くが経過し、介護福祉士の価値が認められ、社会的にも認知されてきたといえるでしょう。

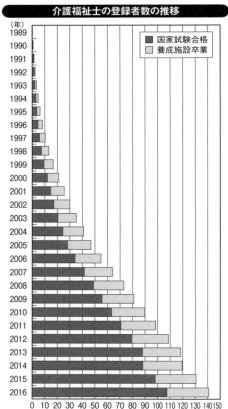

介護福祉士の登録者数の推移

（注）人数は、各年度9月末の登録者数。2014～2016年は各年度3月末。
（厚生労働省のホームページ等）

国家資格ってどんな資格？

answer

法律で定められ、国が認定する資格

　一般に資格とよばれるものは、大きく国家資格、公的資格、民間資格の3つに分けられます。

　国家資格とは、法律によって定められた資格です。国、地方自治体、国の指定団体などが法律に従って認定するものですので、信頼性は高いといえるでしょう。医師、保育士、社会福祉士、公認会計士、税理士、建築士、社会保険労務士、中小企業診断士、宅地建築物取引主任者など、さまざまな分野の資格があります。

　公的資格とは、官庁などが審査基準を認定して、財団法人や社団法人などが実施するものです。「この仕事をするためにこれだけの実力がある」という技能レベルを示す検定が多くなっていますが、中には「この資格がないとこの仕事ができない」というものもあります。簿記検定、介護支援専門員（ケアマネジャー）、手話通訳士、福祉住環境コーディネーター、消費生活アドバイザーなどがあります。

　民間資格とは、民間の団体が任意に認定するものです。法律や官公庁による保証はありませんが、特定の業界で広く認められているものや、世界的によく知られているものもあります。ただし、中にはいい加減なものもあるので、注意が必要です。比較的よく知られている民間資格には、TOEIC（Test of English for International Communication）、MOT（マイクロソフトオフィシャルトレーナー）、証券アナリスト、フラワーデザイナー、インテリアコーディネーター、ソムリエなどがあります。

第1章
2. 介護の仕事の中身はさまざま

●**多くは介護保険制度に基づく介護サービス**

　介護福祉士の多くは、介護保険制度の下で働いています。介護保険制度は、介護を家庭だけではなく社会全体で負担しようという流れの中で、2000年4月に始まりました。多くの介護サービスを用意して、必要なときに利用できるようにする。そして、日ごろから保険料を払っておくことで、いざというときの費用負担が軽くて済むというしくみです。介護保険制度の導入により介護サービスが飛躍的に増え、介護福祉士の職場が広がりました。

　40歳以上のすべての人は介護保険の被保険者となり、保険料を支払わなくてはなりません。その代わり介護が必要になったときに申請して認定を受けると、定められた範囲内で、指定施設や業者から1割～2割の負担で介護サービスを受けられます。ただし、40歳から64歳までは、初老期認知症などおもに老化が原因の指定された病気以外は介護保険が適用されません。

　介護保険で受けられるサービスには、特別養護老人ホーム（介護老人福祉施設）、介護老人保健施設などの介護施設に入所するサービスと、訪問介護（ホームヘルプ）、訪問入浴、デイサービス、ショートステイなど、おもに自宅で暮らしている人向けの在宅介護サービスがあります。それらのサービスを提供する事業者では、多くの介護福祉士が活躍しています。

●**介護保険の目標と考え方をふまえて**

　介護保険制度の設立にあたっては、次のような目標が掲げられました。
- 一方的に与えられるのではなく、利用者が自分でサービスを選択できる

社会的入院
病気ではないが介護が必要な人が、適切な介護サービスを受けられないため、やむを得ず病院に入院して生活すること。

社会福祉士及び介護福祉士法
社会福祉士と介護福祉士について、業務内容や資格の取り方を定めた法律。1987年公布。2007年12月に大幅に改正された。

- 介護と医療を一体化し、総合的なサービスを受けられる
- 民間事業者の参入で、効率的で良質なサービスをめざす
- 社会的入院などによる医療費の無駄遣いを削減する

　介護サービスは、それまでの措置制度のように特別困った人に社会が与える救済措置ではなく、必要な人が普通に利用するサービスだということです。また、大規模施設に入所するよりも、さまざまな介護サービスを利用して自宅で自立しながら生活したり、たとえ自宅を離れる場合でも、できるだけ自宅に近い環境で暮らせるように配慮することを尊重しています。

　さらに2006年4月の改正では、介護が必要になったり重度化する前にそれを防ぐ取り組みをしようという予防重視の視点も加えられました。

　介護福祉士が働く場合にも、これらの考え方に基づいて介護を行うことが求められています。

●障害者総合支援法に基づくサービスも

　介護福祉士の職場としては、障害者を対象にしたサービスもあります。

　日常生活が困難な障害者の介護も、以前は家族が中心で、家族で支えきれない部分だけを行政が措置制度で支えるしくみでした。それが高齢者と同様、家族だけではなく社会全体で支えよう、押しつけの救済措置ではなく、利用者がサービスを自分で選べるようにしようという考え方に変わり、2003年4月に障害者自身がサービスを選択できる支援費制度が始まりました。その後、財源の確保や障害の種別や地域によるサービスの格差是正などの問題を解消するために障害者自立支援法が成立。さらに、2012年には名称を含めた大幅改正がされ、障害者総合支援法（障害者の日常生活及び社会生活を総合的に支援するための法律）として、2013年4月から施行されています。

　介護福祉士の職場でも、利用者の意思を尊重し自立を支援するという制度に合わせて取り組みが必要なことが増え、仕事の幅が広がってきています。

●介護福祉士には介護の専門家であることが求められる

　「社会福祉士及び介護福祉士法」では、介護福祉士とは、「専門的知識及び技術をもつて、身体上又は精神上の障害があることにより日常生活を営むのに支

障がある者につき心身の状況に応じた介護（喀痰吸引等を含む。）を行い、並びにその者及びその介護者に対して介護に関する指導を行う」（「社会福祉士及び介護福祉士法」第2条第2項より一部抜粋）と定められています。つまり介護福祉士は、日常生活に支援が必要な人に対して、その人が自分らしい生活を送れるように身の回りの世話などの介護を行ったり、本人や家族の相談に乗ったりするのが仕事です。

しかし、介護の必要な人を援助しQOLを高めようとすると、その仕事は身の回りの世話だけにとどまりません。養成施設での履修科目や国家試験の内容を見ても、介護福祉士がかなり広範囲の仕事について専門家であることを求められているのがわかります。

● 介護福祉士が行うのはこんな仕事

身辺介助

生活するうえで日常的に必要なことの介助です。高齢・病気などのさまざまな理由で障害がある人は、私たちが毎日なにげなく行っている、食べる、歩く、服を着るといった動作を、ひとりで自由に行うことができません。ですから、このような立ち居ふるまいに介助が必要になります。

食事、排泄、洗顔などの身だしなみ、身体をふく、入浴、衣服の着脱、体位変換、歩行・車いすなどでの移動の介助、などが挙げられます。

心理的介助

不安や孤独を感じている人の気持ちを受け止め、安心して落ち着いた気分で生活できるように手助けする心理的介助も大切です。

健康管理

介護の必要な人は高齢であったり何らかの病気を抱えていることが多く、生命を守るための日々の健康管理が欠かせません。

顔色や咳の有無など全身状態の観察、体温や脈拍を測る、食欲や排泄のチェック、病院へのつきそい、水分補給や室温に気を配る、などがあります。

家事援助

日常生活を送るうえで必要な家事の援助で、在宅介護では重要となります。

喀痰吸引等
喀痰吸引とはたんの吸引を行うこと。そのほか、日常生活を営むのに必要な行為であって、医師の指示の下に行われるもの（厚生労働省令で定めるものに限る）をいう。医療的ケアとよばれ、2011年の法改正により、研修了を要件に介護職が行うことが認められた。

掃除、洗濯、ベッドメーキング、買い物、食事のしたくなどがあります。
社会活動援助
　介護の必要な人は、家に閉じこもりがちです。人と接する機会を増やしたり外出につきそったりして、より社会的な生活を営めるように支援します。
　外出の介助、クラブ活動の指導・実施、電話や手紙の代行などがあります。
介護計画
　ほかの介護員、医療職、家族などと連携してよりしょい介護を行うためには、行きあたりばったりではなく、計画的な支援が必要です。介護計画を立て、それにそって実行したり、様子を見ながら計画を修正していきます。
　そのための連絡、記録、会議なども重要な仕事の一つです。
相談
　介護を受ける人や家族の相談に乗り、福祉サービスや介護用品を紹介したり、介護の方法を指導したりします。

●介護には広範囲の知識や技術が必要
　このように広範な介護の仕事を行うには、次のような知識や技術が必要です。
- 無理なく体位変換する方法、車いすの扱いなど、身辺介助に必要な技術
- 家事援助のための料理、掃除、洗濯などの家事全般
- 社会活動を援助するためのレクリエーションを指導できる知識、外出のつきそいのための自動車運転技術など
- 命と健康を守るための医学の基礎知識
- 本人や家族の相談に乗るための、法律や制度、福祉サービス、福祉機器などに関する知識
- 人の気持ちを理解するための心理学の知識
- 人と気分よく意思を通じ合わせるコミュニケーションの技術

　介護の専門家として活躍するには、こういった知識や技術を全般的に身につけていかなくてはなりません。特にホームヘルプなど自宅に訪問して行う仕事では、ひとりでほとんどすべてをこなさなくてはなりません。しっかりと仕事をしていくためには、惜しみない努力が必要になってきます。

【介護職は女性向き？　男性向き？】

A　現在は数のうえで女性優位。しかし、利用者のためには同性介助が適切なこと、力仕事など男性が有利な仕事も多いことから、男性介護職も増えている。性別は適性に関係ない。

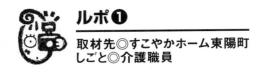

ルポ❶

取材先◎すこやかホーム東陽町
しごと◎介護職員

人にはたらきかけると
反応が返ってくるのが楽しい

■ 大勢をきちんと送迎するには、神経を使う

　朝8時過ぎ。細谷明子さんは出勤すると、手早くユニフォーム代わりのエプロンをつけた。勤務時間は8時半からだが、送迎車は8時半ごろには出発するので、早めの準備が必要だ。ホワイトボードで自分が乗り込む車と迎えに行く利用者の名前、時刻などを確認。業務日誌を調べて、何か申し送り事項がないかもチェックする。

　すこやかホーム東陽町には送迎車が3台あって、1台について運転役と介助役の二人組で運行する。細谷さんが乗り込んだ3号車は、8時25分ごろ準備が整い、出発。まずは西の亀戸方面を回る。細谷さんは、迎えに行く相手の名前、時間、注意事項などが書かれた送迎メモを見ながら、次に迎えに行く先を確認。必要がある利用者宅には、携帯で「あと○分くらいで伺います」と連絡する。最初の利用者は、車が着くとすでに玄関前で待っていた。細谷さんは、すばやく降りて、利用者が車に乗り込むのを手伝う。ひとり暮らしなので、玄関の鍵が施錠されているかも確認する。次の利用者はオートロックのマンションなので、インターホンで玄関ドアを開けてもらい、部屋の前まで迎えに行く。見送る家族にあいさつし、荷物を持って車まで誘導。明るく話しかけながら、利用者のペースでゆっくり歩く。

　次々と利用者宅を回って定員いっぱいの6人を乗せると、9時半ごろ、いっ

有限会社すこやか　すこやかホーム東陽町●DATA

東京都江東区。2002年、有限会社すこやか運営のデイサービスセンターとして開設。1日あたりの利用者35名、職員20名。うち介護福祉士7名、ケアマネジャー3名、ホームヘルパー1級1名、2級6名、社会福祉士1名、看護師3名。口腔ケアに力を入れ、利用者、家族、職員らの幸福追求を目標に掲げる。

たんすこやかホームに戻って6人を降ろす。降りた人たちを建物前で待機していた職員に託し、すぐに2度目の出発。今度は車で5分くらいのごく近所でひとりを乗せて、また送り届ける。3回目は、東の大島方面に向かった。こちらは少し遠方で、片道20分くらいかかる。2名を乗せてホームに戻ると10時12分だった。利用者の荷物をまとめてロッカーに保管し、送迎した利用者の名前と時刻をホワイトボードに書き込む。

●追いかけた人

細谷明子（ほそや あきこ）さん／1963年東京都生まれ。家族介護に専念している間に1999年ホームヘルパー2級、2001年通信教育により介護福祉士資格取得。2003年から障害者居宅介護サービス、知的障害者作業所で勤務し、2008年4月より現職。

　こうやって3台が毎朝2、3回ずつ、送迎のために行き来する。1日あたりの利用者数は35人だが、毎日来る人もいれば週に1回という人もいて、迎えに行く先やルートは毎日変わる。大勢の人を間違いなく安全に送り迎えし、しかも楽しい気分で来てもらうためには、かなり神経を使う。

■話題探しは工夫のしどころ

　今日はレクリエーション担当なので、送迎が終わったら、すぐに朝の会の準備だ。ホワイトボードに日付やお昼の献立を書き、歌の練習に使う歌詞カードや音楽CDを用意する。

　その間、到着した利用者には、ほかのスタッフが介助して順番に入浴してもらう。そのほかの人には、簡単な手芸をしてもらったり、必要な人にはリハビリをしてもらう。

　今週は、手芸の材料として、厚紙の台紙にいろいろな飾りを貼って作るクリスマスリースを用意している。朝の会の準備が終わったので、細谷さんもテーブルを回って利用者の様子を見ていくことにした。何もしていない人がいたので声をかけ、一緒にリースを作り始める。こうして利用者と過ごしながらも、一人ひとりの様子を記録に取る作業を行う。

　あっという間に11時で、朝の会の開始時刻になった。細谷さんはマイクを持ってホワイトボードの前に立ち、「おは

「気をつけて乗ってくださいね」。安全に、しかも楽しい雰囲気でと、送迎には神経を使う。

ようございます」と呼びかけた。みんなの注目が集まったところで、今日の日付、天気、お昼の献立などを紹介し、一緒に読み上げてもらう。高齢になると認知機能が衰えやすくなるので、見当識（現在の日時、場所など自分のおかれている状況を把握すること）の訓練をするためだ。

　今日のスケジュールを紹介したあと、簡単な話に移る。話題探しは工夫のしどころだ。今回は、浅草寺の羽子板市の話題を取り上げた。「羽子板を買ったことがある人はいますか？」と質問すると、ちらほら手が上がった。けっこう反応はよさそうだ。「石川遼君の羽子板が、なんと15万円でした」と話すと、いっせいに「へえー」と声が上がる。うまく話にのってもらえたようだ。

　話のあとは、来週のクリスマス会に向けての歌の練習。歌が苦手な人には、鈴やタンバリンでリズムをとってもらう。歌のあとは体操で、グーパー体操50回、脚の引き寄せ50回、CDに合わせてリハビリ体操など、身体機能の維持に役立つように、メニューが組まれている。

■昼の休憩は交代で、日によって時間が変わる

　朝の会が終わると11時40分ごろになっていた。5分ほど間をおいて、ほかの職員の司会で昼食前の口の体操が始まったので、細谷さんもサポートに回る。すこやかホームでは口腔ケアに力を入れているので、食事前には唾液の出をよくするための口の体操として、みんなで文章を音読したり、歌を歌ったりする。12時5分前ぐらいにはそれも終わり、入浴介助が終わって手が空いた職員とバトンタッチして、細谷さんはさっとトイレを掃除した。掃除が終わると、12時から45分間の休憩だ。

　職員は交代で休憩を取る。休憩開始時間はその日担当するものによって変わるので、12時、12時半、13時と、まちまちだ。利用者の昼食は12時半からで、休憩に入っていない職員が配膳をする。食事介助が必要な人は、ほとんどいないので、自由に自分で食べてもらう。細谷さんは、ロッカールームで持参のお弁当を食べ、少しくつろいだ。

　12時45分には、午後の勤務開始だ。利用者のお膳を下げたり、必要な人には歯磨きをしてもらったりと食後の介助をする。昼食後しばらくは決まったプロ

ある日の細谷明子さん

8:00	出勤
8:25	送迎車に乗り込んで、利用者宅へ
10:12	送迎の準備など
11:00	朝の会司会 レクの準備 利用者と過ごす 記録作成
12:00	口の体操のサポート、トイレ掃除
12:45	利用者の歯磨きを誘導・下膳 昼休み
14:30	おやつ ボランティアによる出しものサポート
15:00	送迎の準備
17:00	送迎
18:00	退勤 クリスマス会の準備

グラムはない。利用者一人ひとりの様子を見て記録を取りながら、トランプやカルタをして一緒に過ごす。午後には、レクリエーション活動の時間がある。担当者が考えてゲームなどをするときもあるが、今日は14時からボランティアの人が来て、出し物をしてくれる予定だ。

14時半は、おやつの時間。細谷さんはおやつ担当なので、看護師と相談して、その日に出すおやつを決める。今日はスナック菓子だ。

おやつを出して15分くらいで食べ終わったら、そろそろ帰りの準備をする時間だ。だれをどう送るかを確認して、最初に帰る人たちをトイレに連れて行く。荷物を運んで全員車に乗ってもらったら、出発。朝と同様、ぐるっと回って送り届けては、戻って次の人を乗せてということを繰り返す。遠方の人もいるので、送迎が終わるのはたいてい17時過ぎだ。勤務時間は17時15分までということになっているが、戻ってきてから翌日の準備をしていると、なかなかそれまでには終わらない。今日は来週のクリスマス会の準備をしていたら18時過ぎになってしまって、あわてて帰宅の途についた。

■その瞬間を楽しく過ごしてもらえたら

細谷さんは家族に障害者がいることから、家族介護に役立てようと勉強をして資格を取った。「資格を持っているなら」と頼まれて、何気なく始めた仕事が、こんなに続くとは思ってはいなかった。案外この仕事にはまっている自分に、ちょっと驚いている。

障害者介護は5年経験したが、高齢者はまだ8か月。慣れないせいか、なかなか利用者の気持ちをつかめなかったが、最近ようやく少しわかるようになってきた。はたらきかけると相手から反応が返ってくるのが、介護の仕事の楽しいところだ。認知症の利用者は、いまは楽しく過ごしていても、次の瞬間にはそれを忘れてしまっていることが多い。でも、その瞬間、瞬間を楽しく過ごせてもらえたらいいなと思って、細谷さんは今日も仕事を続けている。　　（取材は2008年12月）

「羽子板市に行ったことのある人は？」朝の会の司会では、興味をもってもらえそうな話題を工夫する。

第1章 3.

介護福祉士に求められる資質は？

●人を相手にする仕事だということを忘れない

　介護福祉士は国家資格であり、国が認めた介護の専門家ですから、介護について専門的な知識や技術を持つことが求められます。でも、知識と技術があれば万全というわけではありません。介護は人を相手にする仕事です。人を尊重しやさしく接することは、介護福祉士としてはとても重要な資質です。
　そのために介護の仕事では次のようなことがポイントになります。
● 人権の尊重
● 主体はあくまで介護を受ける人
● 臨機応変の対応が必要

　まず、常に利用者を人間として尊重し、対等な人間関係を築かなくてはなりません。介護を受ける人は自由に身体が動かせなかったり考える力が鈍ったりしているため、どうしても立場が弱くなりがちです。介護者に少しでも「やってあげているのに」という態度が見えると、介護を受ける側は安心できません。介護の仕事は、けっして人の上に立つものではなく、対等な立場で必要なサービスを提供するものだと考えましょう。
　それから、介護の主体はあくまで介護を受ける人です。長年培った生活習慣は、傍目（はため）にどんなに不合理に見えても、本人にとっては大切なものです。何をするにも、本人の意思をできるだけ尊重しなくてはなりません。
　また、相手が人間ですから、一日の間に何が起こるかわかりません。何か作業をしているときでも、呼び止められて用事を頼まれれば、笑顔でできる限り

対応する必要がでてくるでしょう。しかし、だからといって最低限必要な作業は時間内に済ませなくてはなりません。マニュアル通りに作業をするだけでなく、臨機応変に対応することを求められます。

このように、介護はとてもむずかしく大変な仕事です。しかし、だからこそ問題がうまく解決したときの達成感や利用者に喜んでもらえたときのうれしさは、何物にも代えがたいものです。

●**介護職は、まず人間が好きであることが大切**

人間の能力や性格はさまざまで、仕事には向き・不向きがあります。介護の仕事に適しているのは、どんな人でしょう。

まず、人と接するのが好きなほうがいいでしょう。介護する相手を好き嫌いで選ぶことはできません。大勢の利用者とつきあっていくためには、気配りができ、相手の気持ちを考える人が向いています。また、看護師、社会福祉士などほかのスタッフと協力して仕事をしていくためには、単にだれとでもつきあうだけでなく、協調性が必要です。それから、常に自分が主役で自分の意見を主張したい人よりも、人を助けることに喜びを感じられる人、異なる価値観や生活習慣をおもしろいと思える人のほうがいいでしょう。

突発的な事態にも臨機応変に対応していける柔軟性は、介護福祉士には重要な資質です。たとえ「午後は散歩」というスケジュールが決まっていても、冷たい風が吹いてきたら、利用者の健康を考えて予定を変更したほうがいいかもしれません。

身体を動かすことは好きなほうがいいでしょう。介護は机の前に座っていてできるものではありません。ただし、細かいデスクワークをいやがらないことも大切です。介護の仕事では、計画立案や記録作成は欠かせません。

人の命や健康を預かることから、責任感の強さや、いざというときにあわてない冷静さ、勉強することをいやがらない勤勉さも求められます。

ただし、何ごとにも完璧な人は存在しません。もし足りないところがあっても、仕事をしながら成長していくようにすれば、だいじょうぶです。

介護の仕事に向いている資質

対人的には
・人と接するのが好き
・他人の考えを尊重できる
・人に好かれやすい
・協調性がある

行動的には
・臨機応変に対応できる
・身体を動かすのが好き
・事務作業をいやがらない
・責任感が強い
・勉強するのが好き

介護福祉士に求められる資質は？

＜インタビュー１＞

大先輩介護福祉士にきく
質の高い人材が質の高いサービスを生む

話をきいた人●**石橋 真二さん**

――どういう人が介護福祉士として望ましいでしょう。

　人間が相手の仕事ですから、中心になるのはやはり高い倫理観だと思います。相手の痛みや気持ちをしっかり理解できなくては介護福祉士は務まりません。でも、それだけではだめで、よいサービスを提供するには専門的な知識と技術も必要です。資格を取ったあとでも、知識・技術・倫理観のそれぞれを高めていくために、自分を磨いていく必要があると思います。

――**いま、介護福祉士は仕事がきつい割に給料が安いので、職場に定着しないといわれていますが。**

　30年くらい前、私が介護の仕事にかかわるようになったころは、介護する人の都合でサービスの内容が決められることがありました。いまは利用者の立場に立った介護が求められるようになったので、介護職の仕事の量は、実は増えてきています。ところが介護職はほかの産業に比べて給料が低く、社会的にもきちんと評価されていません。踏みとどまって現状を変えていこうとする人たちもいますが、最初は意欲をもっていても、報われないと続けられなくなる人もいます。優秀な人材を介護職として確保していくには、ある程度がんばったら、それが評価されるしくみをつくる必要があると思います。

――そういうしくみは、できそうですか。

　できると思います。これまでは、サービスを提供する人が介護福祉士でも無

資格者でも、介護報酬の額が同じでした。それを介護福祉士がやれば報酬を高くするとか、介護福祉士がたくさんいる施設では報酬を加算するとか、サービスの質の高さを評価するしくみに変えていけばいいんです。私たちはそのような制度にして欲しいと要望してきました。2009年春の介護報酬の改正は、そういう方向で進んでいます。また、介護福祉士の資格を取ったあとでも、たとえばリーダー養成や認知症についての研修を受けると介護報酬が加算されるなど、一定の研修を受けたことが評価されるようになればいいと思います。

　介護職の専門性が高くなれば、年を取って現場で働き続けるのが厳しくなっても、中間管理職や研修の講師といった道が広がります。がんばればキャリアアップできるということになれば、やる気を出す人は増えるでしょう。優秀な介護福祉士を確保していくためには、労働環境や報酬を改善するとともに、専門性を高めていくことが必要です。

—— **介護福祉士の資格取得法が変わることについては、どうでしょう。**

　これまでは、実務経験が3年あれば学校に行かなくても国家試験を受けられましたし、養成施設を卒業すれば国家試験は受けなくて済みました。今度の改正ではすべてのルートで何らかの養成課程を修了してから国家試験を受けることになります。医療系の国家資格は以前から必ず国家試験に合格することが必要だったので、「介護福祉士は国家試験を受けなくても資格が取れるのか」と言われることもありました。これからは介護福祉士も医療系の国家資格と同様の取得方法になり、肩を並べるきっかけになると思います。実務経験だけでは国家試験を受けられなくなりますが、通信課程も認められているので、意欲があれば働きながら取ることは可能でしょう。

　介護保険制度がうまくいくためには、介護福祉士制度が重要です。介護は人が相手の仕事なので、サービスには高い質が求められます。その高い質を確保するためには、提供する側の人の質を高めていかなくてはなりません。介護福祉士制度という、質の高い人材を安定して養成するしくみがあってこそ、介護保険制度がうまくいきます。介護保険制度の発展のためには、介護福祉士制度をよりよいものにしていかなくてはなりません。

いしばし しんじさん
社団法人日本介護福祉士会前会長。救護施設で23年間勤務ののち、2003年から旭川荘厚生専門学院にて介護福祉士養成に携わる。日本介護福祉士会副会長を経て、2006年に会長就任。

第1章 4. 資格を取るには？

●**資格取得方法は、大きく変わる**
　「社会福祉士及び介護福祉士法」が2007年12月5日に改正され、介護福祉士の資格取得方法は、大幅に変わりました。これまでは、2年以上の養成施設を卒業すれば国家試験を受ける必要がなかったり、3年以上の実務経験があれば国家試験に合格するだけで資格を取れたのですが、これからは原則としてすべての人が、何らかの養成施設を修了するか、あるいは450時間の実務者研修を経て国家試験に合格しなければ、介護福祉士になれなくなったのです。
　ここではまず新制度での資格取得法を説明したあとで、経過措置についてふれることにしましょう。

●**1850時間相当の課程を履修するルート**
　新制度の資格取得方法は、大きく二つのルートに分かれます。
　一つは、養成施設などで2年以上にわたって1850時間相当の課程を履修したのち、国家試験を受験する方法です。これには、次のようなルートがあります。
- 高校卒業後、2年以上の介護福祉士養成施設（福祉系大学・短大・専門学校など）で1850時間以上の課程を履修する
- 福祉系高校で、1855時間以上の課程を履修する
- 福祉系大学や社会福祉士養成施設で社会福祉士養成課程を修了後、1年以上の介護福祉士養成施設で1220時間以上を履修し、社会福祉士養成課程と合わせて1850時間相当の課程を履修する
- 大学・短期大学や保育士養成施設で保育士養成課程を修了後、1年以上の介

第1章　「介護福祉士」は介護の専門家としての国家資格です

護福祉士養成施設で1205時間以上を履修し、保育士養成課程と合わせて1850時間相当の課程を履修する

これらのルートで1850時間相当の課程を履修した人は、実務経験なしで介護福祉士国家試験を受験できます。また、長時間の介護実習と介護総合演習を履修していることから、国家試験では実技試験は免除されます。

●実務経験＋実務者研修受講ルート

もう一つは、3年以上の実務経験を積むことに加えて450時間の実務者研修を受講し、国家試験を受験する方法です。

実務経験と実務者研修受講の順番は問われません。通信制等もあることから、介護職として働き実務経験を積みながら受講し、実務経験が3年以上になった年に国家試験を受験することも可能です。なお、通信課程等では、全日制よりも履修期間が長くなる可能性があります。国家試験対策なども考えると、早めに受講しておくほうがいいでしょう。

実務経験で受験するルートとして、ほかに経済連携協定（EPA）ルートが設けられています。海外から日本に入国して介護福祉士の資格取得を目指す人を対象としたもので、国家試験では実技試験が必要となりますが、こちらも実務者研修または介護技術講習（125ページ参照）を受講すれば、実技試験は免除されます。

なお、これまで介護職員養成に大きな役割を果たしてきたホームヘルパー（訪問介護員）養成研修は、2013年から、介護職員初任者研修へ一本化されました。研修時間は130時間で、従来のホームヘルパー1級および2級課程修了者、介護職員基礎研修修了者は、介護職員初任者研修修了者とみなされます。

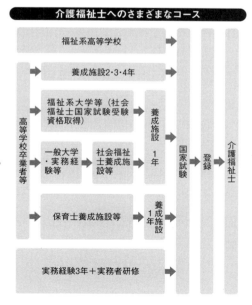

介護福祉士へのさまざまなコース

資格を取るには？

また、初任者研修修了者は、実務者研修の一部が免除され、320時間（ホームヘルパー１級課程修了者は95時間、基礎研修修了者は50時間）の受講で国家試験が受験できます。

●さまざまな経過措置がある

　制度が大きく変わるため、混乱が生じないように、時間をかけてさまざまな経過措置が用意されています。そのため、すでに養成施設に入学している人は、それほど心配することはありません。ルート別に、経過措置を詳しく見ておきましょう。

養成施設

　養成施設卒業者への国家試験の受験義務化については、当初2012年度からの実施がいわれていましたが、社会情勢等との兼ね合いで延期が重ねられ、現在のところ、国家試験受験が義務づけられるのは、2022年度（2023年１月実施国家試験）からとされています。2017〜21年度の卒業生については、受験は任意とされており、未受験あるいは不合格の場合も、卒業後５年間は介護福祉士となることができます。その５年間で国家試験に合格するか、連続して介護の実務に従事すれば資格を保持することができます。

福祉系高校

　2008年度以前に入学して2011年度までに課程を修了して卒業した場合は、国家試験の受験資格が与えられます。

　2009年度以降の入学の場合、教育内容の充実が困難な学校では、2009年度から2013年度の入学者および2016〜2018年度の入学者に限り、卒業後９か月以上の実務経験を経ると国家試験の受験資格を得られます。急にカリキュラムを整えられない高校への救済措置です。ただし、卒業見込みでは国家試験を受験できなくなるため、資格を取れる時期は最短でも１年先になります。

実務経験者

　2016年度（2017年１月実施国家試験）からは、実務経験に加えて実務者研修の受講が義務づけられています。すでに受験に向けて実務経験を積んでいる人は、受験までに実務研修を修了しておく必要があります。

【非常勤でも実務経験になるの？】

A 非常勤でも、職場、業務内容、勤務日数が該当すれば、国家試験受験資格に必要な実務経験とみなされる。実務経験とみなされる業務の範囲については116〜119ページを参照。

● 第1章

あなたにはある?
介護の仕事に必要な資質

次の項目の中で、自分にあてはまると思うものを、チェックしてください。

( ) 人の役に立つとうれしい。
( ) いろいろな人と接するのが好き。
( ) よく「やさしい」といわれる。
( ) 高齢者や障害者は同じ仲間だと思う。
( ) 他人の立場に立って考えようとしている。
( ) 自分と違う価値観の人と話すのはおもしろいと感じる。
( ) 身体を動かすのが好き。
( ) 健康には自信がある。
( ) 細かい仕事も苦にならない。
( ) 任されたことは、きちんとやる。
( ) 他人と協力して何かをやるのが好き。
( ) スケジュール通りにことが運ばなくてもいらいらしない。
( ) 突発的な事件にも臨機応変に対処できる。
( ) いろいろな知識を得るのが好き。
( ) だれとでも仲良くできる。

チェックの数　　　　　　　　アドバイス

11〜15	あなたの適性は十分です。すてきな介護福祉士になれるでしょう。
6〜10	自分に足りないものは何かを見つめ直して努力しましょう。
0〜5	自分を振り返り、もう一度よく考えてから進路を選択したほうがよさそうです。

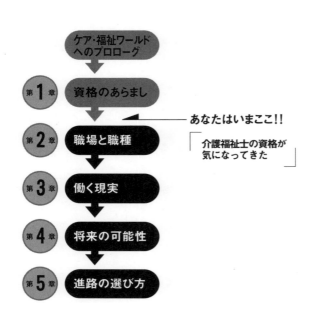

第2章
資格を生かす職場は施設や個人宅など

介護が必要な人のいるところは、すべて介護福祉士の仕事場です。
介護保険施設や障害者支援施設のような
施設介護の現場のほか、個人の住宅に出向いたり、
介護用品販売などの会社で働くこともあります。
介護福祉士がどのような施設や機関でどのような仕事を
するのかを、具体的に知っておきましょう。

第2章

1. 職場は利用者と
サービス形態により各種ある

●**利用者の大半は高齢者**

　介護福祉士はどのような職場で、どのような人を相手に仕事をしているのでしょうか。まず全体を見わたしておきましょう。

　介護の仕事が必要な職場は、施設やサービスの利用者によって、次のように分けられます。
- 高齢者向け
- 身体障害者・児、知的障害者・児、精神障害者・児向け
- その他（生活保護が必要な病弱な人など）

　介護の専門家である介護福祉士の活躍の場は、おもに身体や精神の障害で日常生活に支障をきたしている高齢者や障害者向けの施設やサービスです。次ページに介護福祉士が実際にどのような職場で働いているのかを調べたアンケート調査の結果を掲載しました。

　これによると、高齢者向けの入所・入居・生活施設で働いている人は、介護老人福祉施設、介護老人保健施設、養護老人ホーム、軽費老人ホーム、ケアハウス、認知症高齢者グループホーム、有料老人ホームなどを合わせて48.1％。また、ケアマネジャーがケアプランを立てる居宅介護支援事業所やホームヘルパーを派遣する訪問介護事業所、通所介護事業所、地域包括支援センターなど在宅サービス関連の機関（合わせて31.2％）や、病院など医療施設（合わせて7.1％）で働く場合も、その対象者はほとんど高齢者になるので、介護福祉士の大半は高齢者を対象に働いていることになります。

身体障害者・児や知的障害者・児、精神障害者・児向けの施設で働く介護福祉士は、合わせて2.9%です。ホームヘルパーの一部が在宅の障害者のために働いていると考えても、これはあまり多い数字ではありません。今後、日本では高齢者の割合がますます増えていくと予想されるので、この傾向はさらに強まることでしょう。

介護福祉士として就職する場合は、高齢者のために働く可能性が高いと考えておいたほうがよさそうです。

なお救護施設とは、おもに自立した生活をすることが困難な人の生活援助を目的にした施設です。利用者には身体や精神に障害がある人のほか、アルコール依存症や病弱な人なども含まれます。

●複合的なサービスを行う施設が増加

介護福祉士の職場は、介護サービスの種類によって、さらに入所型、通所型、訪問型の3つのタイプに分けられます。

入所型は、介護老人福祉施設（特別養護老人ホーム）など、利用者が施設に入所してそこで生活するもの。通所型は、デイサービスセンターなど一時的に施設に通って入浴やレクリエーションなどのサービスを受けるものです。また訪問型は、ホームヘルプサービスなど利用者の家庭に介護者が出かけて、身体介助や家事援助を行うサービスです。

最近では複合的なサービスを行う施設が増え、一つの施設の中でも仕事の種類や範囲は広がっています。

介護福祉士の所属する職場の種類

入所・入居・生活施設	
介護老人福祉施設	19.2
介護老人保健施設	13.2
介護療養型医療施設	1.3
養護老人ホーム	3.8
軽費老人ホーム、ケアハウス	0.7
認知症高齢者グループホーム	6.1
有料老人ホーム	3.1
サービス付き高齢者向け住宅	0.7
障害者グループホーム・ケアホーム	0.5
その他の障害者・児の入所施設	2.4
救護施設等保護施設	0.3
その他の福祉施設	1.0
居宅・相談支援等事業所	
居宅介護支援事業所	5.5
訪問入浴介護事業所	0.1
訪問介護事業所	9.1
通所介護事業所	7.6
通所リハビリテーション事業所	2.1
短期入所生活介護事業所	0.7
定期巡回・随時対応型訪問介護看護事業所	0.2
認知症対応型通所介護事業所	0.4
小規模多機能型居宅介護事業所	2.7
複合型サービス事業所	0.2
地域包括支援センター	0.9
障害者就労支援施設（作業所等）	0.4
障害者・児の自立・生活訓練、日中活動支援施設	0.8
その他の在宅サービス提供機関	0.5
医療施設	
一般病院	1.4
医療療養型病院	3.7
回復期リハビリテーション病院(病棟)	1.5
その他	0.5
その他の機関	
社会福祉協議会	2.0
公共団体（公務員や公益法人等）	0.7
教育・研究機関	2.4
福祉に関係しない仕事	0.4
その他	0.5

（単位%）

（日本介護福祉士会「第11回介護福祉士の就労実態と専門性の意識に関する調査」2015年実施より）

職場は利用者とサービス形態により各種ある

【社会福祉協議会ってどんなところ？】

A 都道府県や市町村ごとに地域福祉の推進のために作られた民間団体。略して社協とよぶ。

第2章
2.
高齢者を対象とした入所・生活施設で働く

●最多は介護老人福祉施設（特別養護老人ホーム）で働く人

　高齢者向けの介護サービスは、大きく分けて施設に入所してもらう施設介護と、自宅で暮らす人を対象に通所・訪問・宿泊などのサービスを提供する居宅介護があります。ここでは、まず入所施設について紹介しましょう。

介護老人福祉施設

　介護老人福祉施設は、寝たきりや認知症で日常生活を自力で行うことができず、しかも自宅で介護を受けることが困難な人が、入居して生活するための施設です。法律によってよび名が異なりますが、老人福祉法で規定された特別養護老人ホームが、通常、介護保険制度では介護老人福祉施設として指定を受けているため、基本的には同じものです。

　常時看護が必要な人を、比較的規模の大きい建物と大人数の職員で、24時間交替で介護します。介護福祉士は介護職員として、食事、排泄（はいせつ）、入浴など直接の身体介助を行うほか、レクリエーション指導、リハビリの介助など利用者の生活全般を支援します。夜勤を含めたシフト勤務（64～66ページ参照）が一般的で、体力的にかなりハードですが、ベテランになると管理職やケアマネジャー（92ページ参照）になり、おもに日勤で働く場合もあります。

　職員数が多いため、新人でも先輩から指導を受けられたり、交替で休みを取りやすいというメリットがあります。また、業務は分担制で、調理・洗濯などは、たいていは専門のスタッフや外部業者が行うため、介護職員は身体介護や精神的なケアに専念できます。また、スタッフの中には社会福祉士、看護士、

管理栄養士、理学療法士などほかの分野の専門家が多く、いろいろな人の意見を聞くことで知識の幅が広がるでしょう。

なお、2006年の介護保険法改正により、定員が29人以下の小規模な地域密着型介護老人福祉施設が制度化されました。施設数は年々増加し、2015年10月で1901となっています。

いまのところ介護福祉士の働く場としてはもっとも多く、日本介護福祉士会の「第11回介護福祉士の就労実態と専門性の意識に関する調査（2015年実施）」によれば19.2％の介護福祉士が、介護老人福祉施設（特別養護老人ホーム）で働いています（37ページの表参照）。

介護老人保健施設

特別養護老人ホームと病院の中間的な位置にある施設です。病状が安定していて入院治療は必要ないけれども、家庭で自立して生活することはむずかしい高齢者に、医療サービスと日常生活の支援を合わせて行います。特別養護老人ホームと同様に規模が大きい施設で、医療スタッフとの連携が必要な場面が多いほかは、特別養護老人ホームと似た職場だといえるでしょう。

前述のアンケート調査では13.2％の介護福祉士が介護老人保健施設で働いています（37ページの表参照）。

介護療養型医療施設

長期療養を必要とする患者のための病床で、一般の病床に比べて、居室面積・廊下幅が広く、介護職員の配置に重点が置かれているなど、長期療養にふさわしい体制を備えている医療施設です。

ただ、介護療養型医療施設は2018年度末までに廃止され、介護老人保健施設など、ほかの施設に転換することになっています。

前述のアンケート調査では、1.3％が介護療養型医療施設で働いています。

●その他の老人ホームで働く人も

養護老人ホーム

原則として65歳以上で経済的な問題で生活が困難な人や、同居できる家族がいないなどで日常生活に困っている人が、入所して生活をする施設です。

常時介護が必要な人は少なく、介護保険では施設サービスに含まれていません。ただ、高齢者を対象とする施設なので、入所している間に身体を悪くする人や介護予防が必要な人に対して介護福祉士の知識や技術が役立つ場合はあるでしょう。前述のアンケート調査では、3.8％の介護福祉士が養護老人ホームで働いています（37ページの表参照）。

軽費老人ホーム（ケアハウス）

全面的に介護サービスを提供する施設ではなく、介護がついたアパートという感覚の施設です。

60歳以上またはどちらかが60歳以上の夫婦で、何らかの理由で家族と同居できない人が、無料または安い費用で生活できます。食事の提供などを行うA型と、自炊が前提のB型、より自立性を尊重し、ある程度自立できるけれども独立して生活するのは不安という人が利用するケアハウスがあります。

介護保険制度では在宅とみなされ、提供される介護サービスに応じて保険が適用されます。前述のアンケート調査では、軽費老人ホーム、ケアハウスには0.7％の介護福祉士が働いています（37ページの表参照）。

有料老人ホーム

高齢者が入所し生活の場とする施設で、運営者と利用者が自由に契約し、利用者が利用費の全額を負担するものです。食事の提供や身体介護など、日常生活の支援サービスがつくものがありますが、その種類と質は施設によってさまざまです。

前述の日本介護福祉士会のアンケート調査では、3.1％の介護福祉士が有料老人ホームで働いています（37ページの表参照）。

なお、特別養護老人ホームも増加傾向にありますが、有料老人ホームはここ10年ほどで急速に増加しています（次ページの図）。

●グループホームで主として認知症高齢者を相手に

グループホームは比較的少人数の認知症の高齢者などが、家庭的な雰囲気の中で介護者とともに共同生活を送るところです。グループホームは基本的に家であり、介護保険でも施設入所ではなく居宅介護として扱われます。建物は民

家を改築して利用するなどしていて、普通の家と変わらないところもあります。

　グループホームでは、施設のように食事や就寝時間が決まっていることはなく、献立も利用者の好みを聞きながら相談して決めるなど、普通の家庭に近い状態で生活するのが一般的です。利用者は、買い物、料理、掃除、洗濯など、家事のうち自分でできることを介護者とともに行います。

　ただ、実際には24時間の見守りや状況に応じた介助が必要なため、通常は介護職員は夜勤を含めたシフト勤務体制になります。少人数の利用者を少人数のスタッフで介護するため、夜勤は介護スタッフがひとりだけというグループホームは少なくありません。認知症でも適切な介護で落ち着いた暮らしをしていると問題行動は減り、通常は少人数で十分対応できます。ただ、緊急事態でも少人数で対処する必要が出てくるため、臨機応変の対応力が求められます。

　前述のアンケート調査では、6.1％の介護福祉士が認知症高齢者グループホームで働いています（37ページの表参照）。

● 医療施設の介護職員として

　病気の治療を目的とする医療施設で、一般病院、医療療養型病院などがあります。医療施設で働いている介護福祉士は、前述のアンケート調査によれば7.1％です（37ページの表参照）。

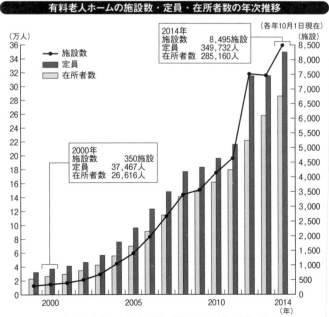

2013～2014年の施設数等は、活動中の施設で詳細票が回収された施設のもの。
2013～2014年は、サービス付き高齢者向け住宅以外の集計。
（厚生労働省「社会福祉施設等調査結果の概況」より）

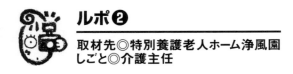

ルポ❷

取材先◎特別養護老人ホーム浄風園
しごと◎介護主任

自分が必要とされていることを
実感できて、すごくうれしい

■ 目が回るように忙しいが、ばたばたはしない

　今日は早番なので、若林敦士さんは朝7時ごろに出勤した。勤務は7時半からだが、いつも早めに来て日誌など各種記録をチェックする。今日はすぐに対応しなくてはならないことは、ないようだ。
　7時半になり、担当フロアに入る。夜勤者から口頭で簡単な報告を受けると、すぐに起床介助を開始した。トイレ介助を行い、お茶を注いで回る。同時に朝食の準備も行う。
　浄風園では、約50人の身体が弱く介護が必要なお年寄りの生活支援を行っている。起床時には夜勤2人と早番2人の4人で、2階に18人、3階に32人の利用者の身じたくなどの介助をする。
　朝食は8時から始まる。食堂は1階だが、朝は2階と3階の各フロアでの朝食となる。座席への誘導や配膳を行い、必要に応じて食事の介助をする。長い間座っていられない利用者には、ベッドまで朝食を運ぶ。時差出勤で職員が少しずつ増えてくる時間帯だが、食事どきはいつも目が回るような忙しさだ。でも、若林さんはばたばたとはしないよう気をつけている。落ち着いて食事をして欲しいと思っているからだ。利用者のことはお客様のように考えて尊重し、話しかけるときにもていねいな言葉遣いを忘れない。
　食べ終えた利用者から順に洗面台へ誘導し、歯磨きなどの口腔ケアをする。

社会福祉法人浄風園特別養護老人ホーム浄風園●DATA
東京都中野区。1952年社会福祉法人浄風園、認可。1984年特別養護老人ホーム開設。利用定員50名、職員数常勤20名、非常勤17名。うち介護福祉士12名、社会福祉士2名、ケアマネジャー4名。園是として、地球のようにまろやかで温かい心の眼をもって、すべての人々と共に夢と希望に生きることをめざす。

そのあとは、トイレに行きたい人はトイレへ、横になりたい人はベッドへと誘導する。9時20分には食事がほぼ終了し、業務が一段落。朝礼を行って簡単な連絡や申し送りをする。

若林さんは、大学受験で二浪し、大学に入ってからは、自分が何をしたいのかなかなか見いだせないでいた。そのため就職活動も中途半端になってうまくいかず、自分は社会に適応できない人間ではないかと思い悩んだりもした。そんなときに知ったのが介護の仕事だった。とりあえずやってみようと思い、ホームヘルパーの資格を取得。浄風園で働き始めた。働き続けているうちに認められるようになり、主任にもなった。いまは自分が必要とされていることを実感できるので、すごくうれしい。

●追いかけた人

若林敦士（わかばやし あつし）さん／1976年東京都生まれ。2001年に和光大学人間関係学部人間発達学科を卒業後、介護の仕事に興味を持ちホームヘルパー2級を取得。浄風園で働き始める。2005年に介護福祉士資格を取得。2008年4月より介護主任に。

■入浴は週2回。曜日を分散して交代で

9時半くらいからは、おむつ交換に入る。交換時間は一応決まっているが、人によって排泄のリズムが違うので、それに合わせて個別に行うこともある。

若林さんは、今日は入浴介助の担当だ。おむつ交換のあと、10時ごろには風呂場に入って入浴介助を開始した。

入浴はひとりの利用者が週に2回で曜日は分散している。人によって、寝たまま湯船に入れる機械浴槽を使った機械浴か、手すりがついた普通の浴室での一般浴かに分かれる。機械浴の人の一部は月曜と木曜、火曜には残りの機械浴の人と一般浴の人で、火曜の機械浴の人は金曜に、火曜の一般浴の人は土曜にもう1回入浴となる。水曜は入浴がなく、習字や編み物などの作業療法を行う。

今日は月曜なので、機械浴の日だ。午前中の入浴は11人。着替えの時間を考えると11時40分までには終える必要がある。風呂場で実際に介助する係は2人で、風呂場の外では、脱衣所での衣服の着脱や居室と浴室の行き来を2、3人の職員が介助する。

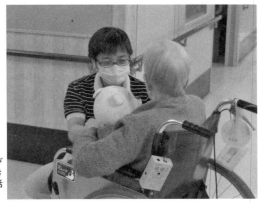

「今日の調子はいかがですか？」忙しいときでも、利用者との会話を大切にする。

■記録は重要。排便を記録し忘れると下剤を用意することに

　入浴が終わったら、12時くらいから昼食の時間だ。約30人の利用者を車いすを使って1階の食堂に誘導する。長時間起きていられない利用者には、3階のフロアで配膳し、必要に応じて食事介助にあたる。

　人によって食事の速さが違うが、13時くらいまでにはだいたい食事が終わる。食べ終わった利用者から各居室階に誘導し、トイレなどの介助にあたる。昼食時間も忙しいが、時差出勤で人数が増えているので職員の一部は12時15分ごろから1時間の休憩に入っている。その人たちが戻ってくる13時15分ごろに大部分の職員が休憩に入る。

　若林さんも休憩時間に入ったが、自分の食事の前に、まずは直前にしたトイレ介助の記録入力を済ませた。あと回しにして忘れてしまうといけないので、記録はちょっとした時間を作って、なるべく早く書くようにしている。もしも記録し忘れて、便が出たのに記録では出ていないことになっていると、下剤を用意するようになるので、記録は重要だ。

　記録を済ませると、自分の昼食だ。あらかじめ頼んでおけば利用者と同じメニューの給食を食べることができる。若林さんは食堂で給食を食べた。

　お昼を食べ終わると、若林さんは食事日票を書き始めた。介護主任として、どんな形態の食事が何名分必要かを、前日までに厨房に提出する必要がある。介護時間中は落ち着いてする暇がないので、事務仕事はどうしても介護の合間にすることになる。食事日票を書き終わったら、事務所で午前中にたまった回覧物を処理する。一通り雑用を片付けたら、やっと一段落だ。あとは勤務開始まで、のんびり過ごす。

　14時15分。休憩明けにはミーティングがある。月・水・金曜日は全体で、ほかの曜日は介護職員、看護師、栄養士だけでの小ミーティングだ。20分くらいかけて、共有しておくべき情報を連絡したり、簡単な打ち合わせをする。ミーティングのあとは、フロアを見回る以外の職員全員で、おむつ交換にあたる。

　ふと、職員のひとりが介護について相談に来たので、話を聞きアドバイスをした。主任の若林さんは、職員から相談を受けることも多い。相談に応じるの

ある日の若林敦士さん

も大切な仕事なので、介護の合間を見て、耳を傾けるようにしている。

15時からは、午後の入浴介助とおやつの時間だ。午後の入浴は15、6人で、その間、入浴していない利用者にはおやつを出す。若林さんは再び浴室での入浴介助に入り、16時25分くらいには予定していた全員の入浴が終わった。若林さんの今日の勤務時間は16時半までなので、まだ勤務が続く職員にあと片付けを任せて事務所に戻る。たまった回覧物を処理したりして、勤務終了となる。

■夜勤のときは、2人で2階と3階の両方を見る

シフト制の交代勤務なので、出勤時間は毎日変わる。若林さんは、現在は主任業務があるので夜勤は月2回程度にしてもらっているが、それまでは月に4、5回の夜勤をこなしていた。仕事を始めた当初は生活のリズムが乱れて体調を崩してしまったこともある。慣れるにしたがいそれは問題なくなったが、夜間に2人だけで2階と3階の両方に対応する夜勤は、やはり大変だ。利用者が寝つけなくて見守りが必要になると、てんやわんやの状態になることもある。

■「まだこんな時間だ」と思ったことが一度もない

あわただしい毎日の中で、子どものころから続けている趣味のピアノ演奏は、若林さんにとって大きな楽しみになっている。浄風園でも利用者の前で弾いたことがある。歌を歌うときにピアノで伴奏すると、みんなとても喜んでくれた。利用者の表情が豊かになるのを見ると、音楽にはすごい力があると思う。もっとみんなの喜ぶ顔を見たいが、主任になってからは毎日が忙しく、なかなかそういう時間を取れないでいる。

若林さんはこの仕事を始めてから、時計を見て「まだこんな時間だ」と思ったことが一度もない。忙しくて大変と思うこともあるが、それが充実感にもなっている。これまでは目の前の仕事をこなすことにせいいっぱいだったが、主任になってから、もう少し広い視野を持ちたいと思い始めた。時間に追われる毎日だが、もっと勉強もしていきたい。　（取材は2009年1月）

介護中は落ち着かないので、事務仕事はどうしても介護時間外に処理することになる。

第2章 3.
自宅で暮らす高齢者を対象としたサービスで働く

●訪問型には、ホームヘルプ、訪問看護、訪問入浴などがある

　自宅で暮らす高齢者を支援する介護サービスは大きく分けて訪問型と通所型があり、そのほかにも宿泊型やそれらを複合的に行うサービス、相談業務を行うサービスなどがあります。

　訪問型は、介護者が利用者宅を訪問して行うサービスで、ホームヘルプ（訪問介護）、訪問看護、訪問入浴などがあります。

　ホームヘルプは、利用者の家庭まで出かけていって、利用者の食事や排泄(はいせつ)、衣類の着脱、入浴などの身体介助をしたり、調理、掃除、整理整頓(せいとん)、生活必需品の買い物などの家事援助を行います。

　家事援助は家政婦の延長のように考えがちですが、たとえば利用者の身体の状態を考慮して安全においしく食べられるように工夫した調理、伝い歩きしかできない人でも移動しやすいような家具の配置、精神面でのケアやアドバイスなど、介護福祉士の専門能力が生かされる場面はよくあります。また、通常はひとりで利用者の家庭に行き、さまざまな業務をこなすことになるため、ホームヘルプは総合的な能力を要求される仕事です。

　訪問看護は看護師が行う医療行為ですが、介護福祉士が看護師と協力して仕事にあたり、介護の部分を担当することがあります。

　訪問入浴は、入浴という作業に特化したサービスです。通常、訪問入浴車を使って3人1組程度で利用者宅を訪問し、室内で専用の浴槽を組み立ててお湯を張り、洗髪から全身の入浴を介助します。

前述の日本介護福祉士会「第11回介護福祉士の就労実態と専門性の意識に関する調査」によると、訪問介護事業所では9.1％、訪問入浴介護事業所で0.1％、の介護福祉士が働いています（37ページの表参照）。

●ホームヘルパーの働き方はさまざま

ホームヘルパーは、登録ヘルパーとして働く場合と、常勤または非常勤の社員として派遣事業所に勤務し、随時派遣される場合があります。

常勤または非常勤の社員として採用される場合は、働く場所が各家庭に変わるだけで、労働条件などは一般の会社員とあまり変わりません。事業所の事務所に出勤して、そこから派遣先の家庭に向かいます。

登録制の場合は、派遣事業者の指示を受けて、派遣先の家庭に介護をするときだけ訪問して仕事をします。賃金は働いた時間分だけ支払われるので、収入は非常に不安定です。ただ、たとえば家事や子育てをしながら、余裕がある時間帯だけ働きたいという人などには、

介護予防サービス・介護サービスの種類別にみた事業所数、事業所あたり利用者数、利用者1人あたり利用回数

（2014年10月）

		事業所数	9月中の1事業所あたり利用者数	9月中の利用者1人あたり利用回数
介護予防サービス	**介護予防サービス事業所**			
	介護予防訪問介護	33,060	17.1	6.1
	介護予防訪問入浴介護	2,085	1.3	4.6
	介護予防訪問看護ステーション	7,744	6.7	4.7
	介護予防通所介護	39,383	14.6	5.5
	介護予防通所リハビリテーション	7,162	19.6	5.9
	介護予防短期入所生活介護	9,782	2.2	5.1
	介護予防短期入所療養介護	5,223	1.4	4.8
	介護予防特定施設入居者生活介護	4,158	7.3	—
	介護予防福祉用具貸与	7,821	67.8	—
	特定介護予防福祉用具販売	7,996	—	—
	地域密着型介護予防サービス事業所			
	介護予防認知症対応型通所介護	3,892	1.7	5.6
	介護予防小規模多機能型居宅介護	4,074	2.9	16.4
	介護予防認知症対応型共同生活介護	12,165	1.3	—
	介護予防支援事業所（地域包括支援センター）	4,564	235.1	—
介護サービス	**居宅サービス事業所**			
	訪問介護	33,911	34.3	18.3
	訪問入浴介護	2,262	33.0	4.9
	訪問看護ステーション	7,903	61.4	6.6
	通所介護	41,660	37.4	8.7
	通所リハビリテーション	7,284	60.7	8.3
	短期入所生活介護	10,251	36.3	10.2
	短期入所療養介護	5,382	14.6	7.3
	特定施設入居者生活介護	4,452	37.0	—
	福祉用具貸与	7,961	211.3	—
	特定福祉用具販売	8,018	—	—
	地域密着型サービス事業所			
	定期巡回・随時対応型訪問介護看護	471	19.6	108.5
	夜間対応型訪問介護	217	39.9	4.6
	認知症対応型通所介護	4,253	16.9	9.7
	小規模多機能型居宅介護	4,630	16.4	32.0
	認知症対応型共同生活介護	12,497	14.5	—
	地域密着型特定施設入居者生活介護	288	22.2	—
	複合型サービス	164	17.3	40.9
	地域密着型介護老人福祉施設	1,691	24.6	—
	居宅介護支援事業所	38,837	65.8	—

注：1）介護予防訪問看護ステーションは健康保険法等のみによる利用者を含まない
　　2）訪問看護ステーションは健康保険法等の利用者を含む
　　3）（介護予防）短期入所生活介護は空床利用型の事業所を含まない
　　4）（介護予防）短期入所生活介護、（介護予防）短期入所療養介護の利用回数は利用日数である
　　5）定期巡回・随時対応型訪問介護看護は健康保険法等の利用者を含み、連携型事業所の訪問看護は含まない

（厚生労働省「平成26年介護サービス施設・事業所調査結果の概況」より）

比較的自由に時間を使えるのはメリットといえるでしょう。

　一般的な訪問介護や訪問入浴は昼間の時間帯に行うため、常勤職員の場合も多くは日勤ですが、夜間の定期巡回や呼び出しに応じてサービスに出かける夜間対応型訪問介護（67ページ参照）もあり、その場合は、大規模施設や病院のようなシフト勤務になります。

　なお、ホームヘルプには、直接的なサービス業務のほか、契約前のアセスメントや契約、定期的なモニタリングなどを行うサービス管理責任者としての業務もあります。常勤職員の場合は、サービス管理責任者として働く場合も少なくありません。

● 通所型は日勤中心だが、送迎に時間がかかる

　利用者に通ってもらうサービスには、入浴や食事など生活全般を介助しながら過ごしてもらうデイサービス（通所介護）や通いでリハビリテーションを行ってもらう通所リハビリテーションなどがあります。

　通いですから、基本的に昼間のみのサービスで夜勤はありません。ただし、送迎に時間がかかることが多いため、早番・遅番など時間帯をずらした勤務体制になっているのが一般的です。

　比較的大人数を大人数で介護するため、業務は分担制になり、送迎時の車の運転や昼食の調理などは専門の職員や外部業者に任せることが多いようです。

　前述のアンケート調査では、通所介護事業所には7.6%、通所リハビリテーション事業所には2.1%の介護福祉士が働いています（37ページの表参照）。

● 宿泊型や複合型もある

　宿泊型のサービスとして、ショートステイ（短期入所生活介護）があります。ショートステイは、家族が旅行や法事などの用事があるとき、あるいは家族が介護に疲れたときなどに、介護が必要な高齢者を短期間受け入れて宿泊もできるサービスです。ショートステイ専用の施設もありますが、特別養護老人ホームや介護老人保健施設に併設されていることが多く、勤務体制としては併設の特別養護老人ホームと一部共通したシフト勤務になることが多いようです。

　前述のアンケートでは0.7%の介護福祉士が、短期入所生活介護事業所で働い

ています（37ページの表参照）。

　訪問型、通所型、宿泊型のサービスを複合的に行うものに、2006年から介護保険適用が認められた小規模多機能型居宅介護があります。比較的少人数で地域に密着したサービスで、スケジュールがきちんと決まっていないなど、グループホームと似ている部分があります。ただし、利用者は小規模多機能で生活しているわけではないので、夜勤の割合は少なく、調理や送迎車の運転には専門スタッフがいるなど、デイサービスと似た部分もあります。

　前述のアンケート調査では、2.7%の介護福祉士が小規模多機能施設で働いています（37ページの表参照）。

●**ケアマネジャーになり、居宅介護支援事業所で働く**

　自宅で暮らす高齢者向けのサービスで、介護福祉士が多く働いている職場に居宅介護支援事業所があります。居宅介護支援事業所では、ケアマネジャー（介護支援専門員）が介護保険を利用する人に対してケアプランを作成したり、モニタリングを行ったり、ケアプランに組み込んだ介護サービスの提供事業者と連絡調整を行います。ケアマネジャーとして働くためには介護福祉士の資格だけでは足りません。5年以上の介護の実務経験を経て、都道府県が行う実務研修受講試験に合格し、実務研修を修了した人がケアマネジャーとして働くことができます。また、ケアマネジャーとして5年以上の実務経験を経ると、主任ケアマネジャーになり、地域包括支援センターで働く道もでてきます（92ページ参照）。

　なお、自宅で暮らす高齢者の介護を支援し、家族の相談に乗ったり情報提供を行う機関としてこれまで在宅介護支援センターがあり、介護福祉士も相談業務を担ってきました。しかし、介護保険制度の改正で2006年に地域包括支援センターができ、地域包括支援センターがより広範囲に相談業務を行うようになったため、在宅介護支援センターの役割は少なくなってきています。

　前述のアンケート調査では、居宅介護支援事業所で5.5%、地域包括支援センターで0.9%の介護福祉士が働いています（37ページの表参照）。

ルポ❸

取材先◎やさしい手赤羽訪問介護事業所
しごと◎サービス提供責任者

利用者が長年築いた土台の中に自分が入って行ってお手伝いをしたい

■チームで連携して動くので、互いにカバーできる

　赤羽駅近く。診療所などが集まるビルのエレベーターで3階に上がると、そこがやさしい手赤羽訪問介護事業所だ。訪問介護事業を担当する13人は、5人、4人、4人の3チームに分かれていて、櫻井美香さんは5人チームのチームリーダーを務めている。

　櫻井さんは、いつものように8時45分に出勤し、ユニホームのトレーナーに着替えた。9時からは全体の、そのあとにチームごとの朝礼があり、互いのスケジュールを確認し、連絡事項を伝達する。

　朝礼が終わると少し時間があるので、櫻井さんは、まずコーディネート業務を開始した。コーディネートとは、どのヘルパーに、いつ、どこに行ってもらうかを決め、連絡する業務。もし間違えると大変なので、神経を使う。

　櫻井さんたち訪問介護職員は、おもにサービス提供責任者として契約時のアセスメント（状況確認）、契約、サービス提供状況確認のための定期訪問、コーディネート、さまざまな人への連絡、請求などの業務を担当する。定期のホームヘルプサービスは、おもに約120人の登録ヘルパーが支えるが、職員も普段から何件かずつはサービスを担当している。普段からどの仕事にもかかわっているうえに、常にチームで情報を共有し連携して動いているので、もし急に休む人が出ても、お互いにカバーできる。

株式会社やさしい手赤羽訪問介護事業所●DATA
東京都北区。(株)やさしい手は1993年設立。年を取っても住み慣れた地域社会で暮らし続けたい人の支援をめざし、全国で在宅サービスを展開。99年開設の赤羽店は訪問介護事業所と居宅介護支援事業所を併設。利用者数約380名、職員数17名。うち介護福祉士6名、ケアマネジャー3名。登録ヘルパー数約120名。

■自転車は都心の移動で小回りがきく

電話連絡をしているうちに、9時40分になった。今日は10時から11時半に初回同行がある。初回同行とは、契約後はじめてのサービスにサービス担当責任者が同行し、確認が必要なことをヘルパーに伝えながら、一緒にサービスを行う業務だ。櫻井さんは、事務所内に用意してある自転車を引き出して、利用者宅に向かった。

●追いかけた人

櫻井美香（さくらい　みか）さん／1981年埼玉県生まれ。社会福祉士養成校にてホームヘルパー1・2級を取得。卒業後の2003年、やさしい手に就職。ホームヘルパーとサービス提供責任者として働く。2008年に国家試験受験により介護福祉士資格取得。

やさしい手では移動は自転車で、ごく近所は徒歩で行くこともある。雨の日でも、カッパを着て自転車に乗る。自転車を利用するのはコスト削減の意味もあるが、都心の道路事情や駐車場の問題が大きい。自転車で20分程度で行ける利用者宅が多く、一番遠いところでも片道40分くらい。自転車なら自動車が入れない細い道を走ることもできるので、案外自動車より早いこともある。

5分前に利用者宅の玄関前でヘルパーと待ち合わせ、一緒に入る。契約時の注意事項は事前にヘルパーに伝えてあるが、小声でもう一度確認しながら、一緒にサービスを行う。特に問題はなく、11時半にサービスが終了したので、まっすぐ事務所に帰った。

不在の間にデスクにたまった連絡メモを処理していたら、すぐに12時になったので、休憩に入る。近所でお弁当を買ってきて食べ、午後の勤務開始まで、のんびりと過ごす。

やさしい手では、職員の勤務時間は基本的には9時から18時の日勤だ。土曜日は1か月半に1回ほど電話番があるが、それ以外は基本的に週休2日で、日曜日は事務所も休み。シフト勤務はしていない。契約などで土日に出勤することもあるが、普通の会社員とはあまり変わらない勤務形態だ。

■情報共有はとても大事

午後は13時から勤務開始。今日は新規契約があるので、13時10分くらいには事務所を

「行ってきます」。利用者宅へは自転車で向かう。

出て、自転車で利用者宅に向かう。13時半から、利用者本人と家族、ケアマネジャーの前で、利用者の現在の状況を確認、契約内容を説明して、書類に押印してもらう。

契約時には会社の概要や個人情報保護について説明し、サービスの内容を確認する。契約で決めたことしか行えないので、サービス内容はしっかり確認する。追加して欲しいという希望があれば、ケアマネジャーと相談してその場で追加することもある。実際にサービスに入ると、つい何でもしてあげたくなることもあるが、収拾がつかなくなるので、きちんと線引きすることが必要だ。

一つのチームでは、100人から150人という人数の利用者を担当している。担当しているそれぞれの人のことを同じくらいずつ考えなくてはならないが、すべてをひとりで把握することはむずかしい。そこで、チーム内での情報共有が非常に大事になってくる。

■**報告書や記録の作成も、大切な仕事**

1時間ほどで契約が終了し、櫻井さんは事務所に戻った。

すぐにいまの契約書類を整理し、次に午前中に初回同行をした利用者の訪問介護計画書を作成する。初回サービスだったので、ケアマネジャーへの報告も必要だ。やさしい手にもケアマネジャーはいるが、サービスの依頼はほかの事業所から入ってくることも多い。午前中の初回同行も午後の契約も、別々の外部事業所のケアマネジャーの担当だ。ケアマネジャーは忙しく、電話口でつかまらないことが多いので、緊急な用件以外はたいていファックスで送信し、情報を伝えておく。20人くらいのケアマネジャーとつきあいがあるので、送り先を間違えないように気を遣う。

事務所にいる間は、次々とかかってくる電話の応対もこなす。さまざまな人から電話がかかってくるので、たとえば「スズキさん」からかかってきたとき、相手が利用者本人なのか、家族か、ヘルパーか、ケアマネジャーかなど、正確に判断し、正しく用件を聞き取ることは、慣れないと案外むずかしい。チームで連携しているので、ヘルパーへの伝言などがあれば、伝える必要もある。

今日は夕方17時から定期のサービスに入るので、櫻井さんは16時45分に事務

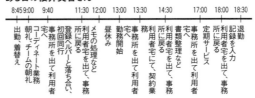

ある日の櫻井美香さん

所を出て、自転車で利用者宅に向かった。今日サービスをするのは、ひとり暮らしの男性だ。明るく話しかけながら宅配の弁当を温め、食後にトイレに誘導。着替えを手伝って、身体をふく。

1時間のサービスを終えて事務所に戻ると、18時15分になっていた。勤務時間は18時までだが、先ほどのサービスについて記録していたら、18時半になってしまった。30分の残業になったが、今日はこれで勤務終了だ。

今日は櫻井さんは出られなかったが、いつもは17時半から全体、17時45分からはチームの終礼がある。伝達事項はノートに書いておいたので、チームで確認してくれたはずだ。常にチームで情報を共有するように気を配っている。

■名前を覚えていてくれると、とてもうれしい

櫻井さんは、3年制の社会福祉士養成施設を卒業した。入学時には児童系を希望していたが、実習に行くうちに、お年寄りとの会話が意外に楽しいことを発見。就職口は高齢者向けが圧倒的に多かったこともあり、高齢者の仕事をすることにした。同じ高齢者対象でも施設ではなく在宅介護のほうを選んだのは、利用者に施設での集団生活の流れの中に入ってもらうよりも、利用者が家族や地域で長年築いてきた土台の中に自分が入って行き、その人が自分の場所で生活するお手伝いをしたいと思ったからだ。

高齢者は、けっこうストレートに思いを伝える人が多い。いやなときはいやという感情をぶつけてきて、ときには「帰れ」と言われることさえある。しかし、その分「ありがとう。あんたが来てくれるだけでうれしいよ」と言われたときの言葉の重みは、私たちが普段言う「ありがとう」とはまったく違う。認知症の人の場合、何度も行っているのに「あんただれ？」という顔をされることもあるが、日によっては覚えていてくれることもある。そんな人に「知ってるよ。櫻井さんだろう」と名前を言ってもらえると、とてもうれしい。そういう小さな喜びの積み重ねがあるので、この仕事をしていてよかったと思う。

（取材は2009年1月）

「明日、14時からサービスに入っていただけますか」。関係各者への連絡は大切な仕事だ。

第2章 4.
障害者を対象にした施設・サービスで働く

●さまざまなニーズに合わせて

　障害者については、2003年に支援費制度、2006年に障害者自立支援法（2012年に障害者総合支援法に改正・60ページ参照）が導入され、行政から一方的に救済措置を与えられるのではなく、障害者が自分のニーズに合わせて必要なサービスを選択できるようになりました。そのため、高齢者向けに比べると少ないものの、支援のためのサービス（＝介護福祉士の職場）は増加しています。

　障害者では、身体・知的・精神などの障害の種別、障害の程度、年齢など、個々の利用者の状況は実にさまざまです。また、日常生活の介護や援助、より自立した生活を送れるようになるための訓練、社会参加や就労のための支援など、サービスの目的も多様です。個々の利用者のさまざまなニーズに合わせてサービスを提供していかなくてはなりません。

　介護福祉士のおもな職場を、タイプ別に簡単に紹介しましょう。

入所型（障害者支援施設）

　ひとりでは日常生活を送ることが困難な障害者が入所して、生活したり、訓練を行ったりするところです。24時間体制の介護が必要なことから、通常、職員は夜勤を含むシフト勤務を行います。

通所型

　障害者に施設や事業所に通ってもらい、日常生活の介護や自立訓練（機能訓練・生活訓練）、就労支援などを行います。早番・遅番などのシフトはあっても、職員は通常は日勤で働きます。

訪問型（居宅介護、重度訪問介護、行動援護など）

　障害者宅にひとりまたは少人数の職員で出かけていって、日常生活の介護や援助を行います。機能訓練や生活訓練を訪問型で行う場合もあります。

福祉ホーム

　日中に働いたりほかの障害福祉サービスを利用している障害者に、地域生活に移行する前段階として、一時的に居住の場を提供するところです。職員は夜間に相談に乗るなどして支援します。

グループホーム

　障害の程度が軽く共同での地域生活が可能な知的障害者と精神障害者が暮らすグループホームで、おもに夜間、相談に応じたり、日常生活の援助を行ったりします。

●**サービス管理責任者になると調整がおもな仕事**

　サービス管理責任者は施設や事業所の職員で、個々の利用者にとって本当に必要なサービスをその人が求める形で提供できるように、調整する役目です。利用者ごとに個別支援計画を作成したうえで定期的にモニタリングを行って、必要に応じて計画を見直していきます。

　サービス管理責任者には、さまざまな障害やサービスについての知識と、関係者と上手に連携するためのコミュニケーション能力が必要です。サービス管理責任者になるには、障害者の保健・医療・福祉・就労・教育の分野で一定の実務経験を持ち、相談従事者研修とサービス管理責任者研修の二つの研修を修了していなくてはなりません。必要な実務経験の年数は、相談支援業務で5年以上、介護業務や就職支援業務など直接支援業務で10年以上ですが、介護福祉士などの国家資格による業務に5年以上従事している人は、3年以上です。

障害者総合支援法の障害福祉サービス

介護給付
- 居宅介護（ホームヘルプ）
- 重度訪問介護
- 同行援護
- 行動援護
- 短期入所（ショートステイ）
- 重度障害者等包括支援
- 療養介護
- 生活介護
- 施設入所支援（夜間ケア）

訓練等給付
- 自立訓練（機能訓練・生活訓練）
- 就労移行支援
- 就労継続支援
- 共同生活援助（グループホーム）

ルポ❹

取材先◎千葉県福祉援護会ローゼンヴィラ藤原
しごと◎介護主任、サービス管理責任者

「ここにいてよかった」と思ってもらえたら

■障害者とのふれあいが楽しくてたまらない

　宮前篤史さんは、学生時代にはじめて身体障害者施設へ実習に行ったときから、利用者とふれあう現場が楽しくてたまらず、これが本当にやりたかったことだという気持ちが強い。8年前に大学の福祉系学科を卒業して現在のローゼンヴィラ藤原に就職。7年間は介護職として働いてきた。夜勤も苦にならず、かえって昼間の時間が自由に使えるのがうれしいくらいだった。しかし、2年前に介護主任になって以来、事務仕事が増加。主任になって2年目には、職員の配置転換により主任が一人体制になったことと業務の見直しが行われたことから、介護職員としてのシフト勤務から外れ、いまはおもに介護主任とサービス管理責任者としての業務をこなしている。

　ここローゼンヴィラ藤原ではパートを含めて52人の介護職員が、早番（7時から15時45分）、遅番（10時半から19時15分）、夜勤（16時半から翌9時半）のシフトで交代に働き、80余人の入居者の生活支援を行っている。基本的には1か月に夜勤が3回で6日分、遅番と早番が5、6回ずつで、休みは10日前後だ。

　現在の宮前さんは基本的に日勤（8時45分から17時半）で、現場の状況を知るため早番、遅番、夜勤がそれぞれ月に1回ずつ。現場が大好きな宮前さんは、入居者とふれあえる現場にもっと入りたいが、事務作業も間接的とはいえ入居者支援に変わりない。だれかがやる必要があると考えてがんばっている。

社会福祉法人千葉県福祉援護会ローゼンヴィラ藤原●DATA
千葉県船橋市。1998年4月身体障害者療護施設ローゼンヴィラ壱番館として開設。2007年4月障害者支援施設に移行し、ローゼンヴィラ藤原と改称。利用定員は、長期入所70名、短期入所10名。職員数73名、うち介護職員数52名（介護福祉士21名、ケアマネジャー4名、ホームヘルパー2級3名、社会福祉士6名）。

今日は日勤の日。宮前さんは朝8時過ぎに出勤して、コンピュータに入力された日誌を確認。勤務開始時刻の8時45分から事務所で簡単な申し送りをしたあと、8時50分からは施設全体の朝礼に出た。10分ほどで朝礼が終わると、日誌で気になった入居者の様子を見に行く。昨日は自分は休みだったが、朝に風邪で39度の熱を出した人がいるらしい。当人の状態も心配だが、施設内に風邪が蔓延（まんえん）しないように努めなければならない。それが気になったのだが、見ると部屋でマスクをしてくれている。職員が頼んでおいてくれたのだろう。ちょっと安心して、「食事はお持ちしますから、なるべくお部屋で過ごしてくださいね」と改めて頼む。不自由をかけてしまうのは申し訳ないが、ほかの入居者にうつることもあるので、協力してもらうようお願いしている。昨日の夕方には熱が37度台に下がったそうなので、看護師と相談して、病院へ行かずに施設内で様子を見ることとなる。

●追いかけた人

宮前篤史（みやまえ あつし）さん／1977年千葉県生まれ。2000年に城西国際大学福祉文化学科を卒業し、現在のローゼンヴィラ藤原に就職。実務経験で国家試験受験資格を得て05年介護福祉士に。07年社会福祉士資格取得。07年より介護主任を務める。

■介護用品の故障は、すぐに修理しないと入居者が困る

事務所に戻って事務作業をしていたら、しばらくして内線電話で呼び出された。介護職員からで、ナースコールが壊れたが、自分はいますぐに対応できないので、代わりに見てくれないかという。すぐに見に行くと、工具を使った修理が必要で、時間がかかりそうだ。宮前さんも出かける予定があって、あまり時間が取れない。緊急コールが必要な可能性はほとんどない人だと判断し、申し訳ないが少し待ってくださいと頼む。介護職員にわけを話すと、もうすぐ手が空くので修理しておいてくれるとのこと。

介護用品が壊れたとき、手に負えないものは業者を呼ぶが、できそうなものは、なるべく介護職員がすぐに修理する。車いすのパンクなどは、すぐに修理しないと入居者が困る。機械いじりが苦手な職員にも、指導して簡単な修理はできるように訓練する。だれでも対応

「リハビリの方法はこれでいいですか」。ニーズを聞いて個別支援計画を作成し、実施状況を確認。

できるようにしておけば、負担が偏らないし、修理も早く済む。

席に戻って事務作業の続きをしたが、あまり進まないうちに10時半になった。受診のための運転手役を頼まれていたので、入居者2名と看護師1名を車に乗せて、病院に向かう。人数に余裕があるときは介護職員が行くが、現場の人員が不足気味のときには、宮前さんも運転手役を引き受ける。

受診が終わって病院から戻ると、もう13時になっていた。昼食は12時15分からなので、ほかの人はみんな食べ終わっている。すぐに受診した人の昼食を持ってきて食事介助をした。今日は全体の昼食には間に合わなかったが、日勤で事務作業をしているときでも、できるだけ昼食介助には入るようにしている。毎日少しでも現場にかかわっていたいからだ。

昼食介助が終わったら、13時半からは自分の休憩だ。日勤のときは、毎日のスケジュールが決まっているわけではないので、手が空いた時間に随時休憩を取る。敷地内にカフェがあるので、昼食はたいていそこで済ませる。休憩時間は1時間だが、やることはたくさんあるので、そうゆっくりしてもいられない。食事のあとちょっと一服したら、30分くらいで事務所に戻った。

■日々の小さなニーズを拾うことも大切

障害者自立支援法が施行され、ローゼンヴィラ藤原は、今年度から障害者支援施設になった。宮前さんはサービス管理責任者として、個別支援計画を立案し、確認していく必要がある。個別支援計画は、その対象者のニーズや要望を実現できる形で文書に盛り込むことになっている。サービス管理責任者は2人いるが、介護主任を兼ねながら36人分を担当するのは、負担が重い。それに、たとえば入居者が毎日入浴したいと希望しても、現実問題としてはむずかしい。実現できることの中でよりよい支援をするためにどんなニーズを盛り込むか。それを考えていくのに苦労する。そうやって作成した個別支援計画は、カンファレンスで情報を共有し、半年に1回実施状況を確認して、実現をめざす。

ただ、宮前さんは、個別支援計画とは別に日々のもっと小さなニーズを拾うことも大切だと考えている。そこで今月からは、入居者から出た要望はどんな小さなものでも、介護職員に記録してもらうことにした。できるものはすぐに

第2章 資格を生かす職場は施設や個人宅など

ある日の宮前篤史さん

8:00	8:45	8:50	9:15	10:00	10:30	13:00	13:30	14:30	19:00
出勤・日誌をチェック	事務所で申し送り	全体朝礼	事務作業 発熱した入居者の様子を見る	事務作業 ナースコールの故障をチェック	病院の受診につきそい	食事介助	休憩	事務作業 個別支援計画の作成、確認に対応 介護職員からの相談	退勤

対応し、むずかしいものは、月1回、各課が集まる支援会議で話し合う予定だ。

すでに細かいニーズがいくつか挙がってきている。たとえば最近では、小皿を3階フロアに置いておき、使いたいときに使えるようにして欲しいという要望があった。しかし、食器は厨房で業者が管理しているので、介護職員が別個に管理するのはむずかしい。そこで自分の食器を購入してもらえれば、洗ったりするのは介護職員がやりますよということで、対応した。こういう小さなニーズに細かくこたえることで、入居者が少しでも暮らしやすくなるといい。

■人間関係の調整に気を遣う

管理職の仕事では、入居者と職員、職員同士など、人間関係の調整に苦労が多い。先日、職員に対する苦情が挙がった。入居者同士がけんかをしていたので仲裁に入ったところ、その怒りの矛先が職員に向かってしまったようだ。苦情にはきちんと対応する必要があるので、それぞれから話を聞くことになるが、話を聞くだけでも疑われたように感じて傷つくはずだし、気持ちがこじれると問題は解決しない。人間関係の対応には、かなり気を遣う。

管理職だからこそ見えることもある。でも宮前さんは、やっぱり現場が好きだ。夜勤のときに入居者の体位交換をして、「今日はよく眠れた」と言ってもらうと、とてもうれしい。ただ、単に笑顔を見たり、感謝の言葉をもらえればそれでいいとは思わない。障害を持ち困難な人生を歩んでいる入居者には、「ここにいてよかった」と思って欲しいのだ。たとえ入居者がかんかんに怒っていても、「自宅や病院では気を遣っていたのに、ここでは感情を爆発させてくれている」と思える瞬間は、うれしさがこみ上げてくる。管理職になっても、そんなことを感じられる現場の仕事を、ずっと続けていきたい。

勤務時間は17時半までだが、時間ちょうどに帰れることは少ない。月の後半は翌月の勤務表作成などに追われて21時くらいになることもある。

今日は勤務表作成も一段落したので、19時ごろには帰れそうだ。　　（取材は2008年12月）

事務作業が中心の今でも、昼食介助にはなるべく出る。入居者との貴重なふれあいの時間だ。

メモ 2

[障害者総合支援法って?]

answer
障害者の自立と社会参加を支援するため整備されたサービス体制

　2003年に支援費制度が導入され、行政から一方的にサービスを与えられる措置制度から、障害者が自立した社会生活を送っていくために必要なサービスを自分で選択できる制度へと変わりました。しかし支援費制度では、精神障害者が対象になっていない、サービス体系がわかりにくい、利用者が急増して財政基盤を整える必要があるなどの問題が発生しました。それを解決するために導入されたのが障害者自立支援法です。

　2006年4月に施行となった障害者自立支援法では、精神障害者を含めたすべての障害者が、全国共通の制度で共通の体系にのっとったサービスを利用できるようになっています。また、生活を支援するだけではなく、働いて社会参加したいという障害者の声にこたえるため、就労支援機能が強化されました。

　障害者総合支援法（障害者の日常生活及び社会生活を総合的に支援するための法律）は、利用者負担の見直しなどの議論を、経て、2012年に障害者自立支援法から改正されたものです。2013年から施行され、2014年に完全実施となりました。

　障害福祉サービスは、介護給付、訓練等給付、自立支援医療、補装具などに分かれており、介護給付と訓練等給付がその中心です（55ページの表参照）。サービスを利用するには、市町村に申請します。介護給付の場合は一定の手順で障害支援区分を判定し、障害支援区分と個別の状況、本人の希望などから判断して、利用するサービスが決まります。訓練等給付の場合は障害支援区分の判定は必要なく、本人の希望や状況を調査して支給量が決まります。利用者負担は原則として応能負担です。

● 第2章

あなたに向いているのは
どんな職場?

立ち止まってチェック!

あなたはどんなふうに働きたいですか?
次の2つの質問について、あなたにあてはまるものを選びましょう。

Q1 どんな職場で働きたい?

A 大勢で働きたい
B 数人で働きたい
C ひとりで働きたい

Q2 どんな時間帯に働きたい?

D 変則勤務は平気
E できれば日勤で働きたい

あなたの答えから、いまのあなたに向いている職場の例を見てみましょう。

	A	B	C
D	介護老人福祉施設 医療施設 障害者支援施設	グループホーム	夜間対応型訪問介護
E	デイサービス	小規模多機能型	ホームヘルパー

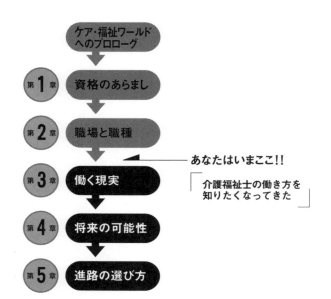

第3章
職業生活の実際は…

一生の仕事として働き続けるためには、勤務時間、
休暇、給料などの労働条件が気になります。
介護福祉士の現在の労働条件はどの程度なのか。
今後どのように変わる可能性があるのか。
介護福祉士として働く魅力は何か。
介護福祉士の職業生活について、考えてみましょう。

第3章 1.
勤務形態はさまざま

●介護は24時間人の生活を支える仕事

　仕事をするうえで、いつ、どの程度働かなくてはならないかは重要な問題です。しかし、介護は24時間人の生活を支える仕事ですから、介護の仕事では一律に9時に出勤して5時に帰るというわけにはいきません。早朝や深夜でも、介護の手を待っている人たちが大勢います。

　とはいえ、働くほうも人間です。休みを取らないと、自分の生活をやっていけません。現実的に、介護福祉士はどのように働いているのでしょうか。

　特別養護老人ホームなど、常時介護が必要な人が入所している施設では、おおむね勤務時間を3、4種類に分けています。たとえばある施設では、午前8時半に出勤して午後5時に仕事を終える「日勤」と、勤務時間は同じで出勤時刻を前後にずらした「早出」と「遅出」、それに夕方出勤して翌朝まで勤務する「夜勤」の4種類を、数人ずつのスタッフが交代で担当します。

　昼間に時間をずらして勤務するのは、早朝や夕方の介助に人手を確保するためと、昼にスタッフが交代で休憩を取るためです。また、昼間は食事や入浴、レクリエーション活動の介助などがあるので人手がたくさんいりますが、夜間は利用者も眠っていることが多いので、数人の夜勤スタッフで対応します。

　施設によっては夜勤の途中で2、3時間の仮眠時間が設けられていますが、利用者からの呼び出しが多くて忙しいときは、なかなか寝ていられません。そのようなわけで夜勤は長時間勤務になりますが、一般的に夜勤1回で2日分働いたとみなされます。

それから、施設によっては「当直」勤務もあります。これは、夜間に見回りなどをしたあとは、施設内にいる必要はありますが寝てしまってかまいません。非常時にのみ対応します。重度の介護が必要ない施設で夜勤の代わりに当直で対応する場合と、夜勤の人数が少ない施設で、夜勤の仕事を助ける意味で当直も置く場合があります。

● **夜勤は月に４、５回**

　日本介護福祉士会のアンケート調査（「第11回介護福祉士の就労実態と専門性の意識に関する調査」2015年実施）によれば、夜勤をしている介護福祉士は全体の44.8％です。ただし、この回答者には管理職や非常勤職員も含まれます。

　夜勤の１か月あたりの回数は、同調査によれば４回がもっとも多く32.4％、次に６回（20.8％）、５回（20.3％）と続きます。特別養護老人ホームなど24時間体制の生活施設では４、５回が一般的といえるでしょう。

　昼間の活動が中心である老人デイサービスセンターで働く場合は、通常は夜勤はありません。しかし、複合サービスを提供している施設では、ひとりあたりの夜勤の負担を減らすために、デイサービス担当の職員でも併設の特別養護老人ホームの夜勤を月１回担当するようなケースがあるようです。

　訪問介護には、おもに昼間に決まったサービスを行う一般の訪問介護と、夜間の定期巡回や利用者の呼び出しに応じて対応する夜間対応型訪問介護などがあります。一般の訪問介護は通常は夜勤はありませんが、夜間対応型訪問介護などではもともと夜間のサービスなので、夜勤の比重は高くなります。

　このようにみていくと、介護職として働くためには、ある程度の変則勤務は避けられません。ただ、変則勤務でも朝起きる時間をできるだけ一定にして生活リズムを崩さないようにするなど、こつをつかめばそれほど大変ではないという意見もあります。

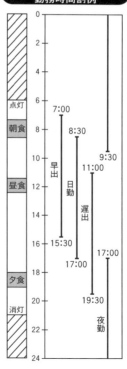

特別養護老人ホームの勤務時間割例

【常勤と非常勤の違いは？】

A 常勤は本業として常時働く人のことで、非常勤はそれ以外。ただし、実際には常勤と同じ仕事をしていながら、人事コストを抑えるために非常勤扱いになる場合も多い。

勤務形態はさまざま

また、土日や夜間に働かなくてはならない反面、一般の人が仕事をしている平日の昼間に休めてかえってありがたいという人も多いようです。それから、年齢を重ねて体力が落ちてきたころには逆に実績が増えるため、管理職、相談員、介護関係の講師など、変則勤務が少ない仕事に就く機会も増えてきます。

● 1週間の勤務時間は、一般の会社員と同じ

何日にどの勤務にあたるかは、だいたい1か月ごとに決められます。

特別養護老人ホームでの1週間の勤務を想定してみましょう。完全週休2日制なら、1週間のうち2日は休みです。1か月に夜勤が4、5回ということは、1週間では夜勤は1回。夜勤は2日分と数えるので、あとの3日が日勤、早出、遅出を1日ずつといったところでしょうか。もちろん、施設やそのときの状況によって、各勤務の配分は異なってきます。

時間は不規則ですが、正社員で1日8時間として5日分働けば1週間の労働時間は40時間になり、一般の会社員と変わりません。右下のグラフでは1週間の実労働時間が40時間未満の人が54.3％になっていますが、これはパートタイマーなどの短時間労働者が含まれるためです。雇用形態別に見ると、平均実労働時間は正規職員43.0時間、正規職員以外31.9時間となっています。

● 休暇は取れるが、突然休むのはタブー

労働基準法によれば、一定時間以上働いている雇用者は、勤続年数に応じて有給休暇を取れることになっています。介護職でも当然有給休暇は取れますが、交代で勤務している以上、自分の好きなときに突然休むわけにはいきません。病気や事故の場合はやむをえませんが、夏休みなどはあらかじめ申し出て、ほかのスタッフと譲り合いながら休みの日を決めます。

突然休むとだれかが代わりに出なくてはならず、ほかのスタッフに迷惑がかかります。健康管理には十分注意が必要です。

特別養護老人ホームの1週間の勤務例

日	遅出	木	休み
月	夜勤	金	早出
火	夜勤明け	土	日勤
水	休み		

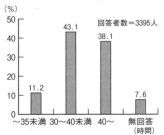

介護福祉士の1週間あたりの実労働時間

回答者数＝3395人

～35未満: 11.2%
30～40未満: 43.1%
40～: 38.1%
無回答: 7.6%
（時間）

（日本介護福祉士会「第11回介護福祉士の就労実態と専門性の意識に関する調査」2015年実施より）

メモ 3

夜間対応型訪問介護ってどんなもの?

answer
夜間に定期巡回や呼び出しに応じた訪問介護を行うサービス

　夜間対応型訪問介護は、夜間に定期巡回や呼び出しによる随時の訪問介護を受けられるサービスです。地域密着型サービスの一つとして、2006年4月から介護保険の適用を受けられるようになりました。

　介護が必要になっても、できるだけ介護サービスを利用して住み慣れた自宅や地域で暮らせるようにすることは、介護保険制度が始まったころからの目標です。しかし、要介護度が高い人やひとり暮らし世帯では、24時間生活していくうえで、昼間のサービスだけでは、安心して暮らせません。夜間も必要に応じてサービスを受けられるようにと生み出されたのが、この夜間対応型訪問介護です。

　夜間の排泄介助や体位転換が必要な人に定時に巡回して介護を行う定期巡回と、コールボタンなどを使ってオペレーションセンターと接続し、必要に応じて看護師や介護福祉士に相談したり、訪問介護を受けられたりする随時のサービスがあります。夜間にトイレに立って転倒し、ひとりでは起き上がれない場合などに、ペンダント型のコールボタンでいつでも介護員を呼べるのは、大きな安心につながります。

　しかし、2014年10月で事業所数は217、1事業所あたりの利用者数は約40人と、事業所数も利用者数も決して多くはありません。夜間の介護員やオペレーターの確保がむずかしく赤字になりやすい、昼間のサービスが介護保険適用にならず利用しにくいといった課題に、対策が求められています。

ルポ❺

取材先◎ジャパンケアサービスハッピーセンター東京西
しごと◎訪問介護員、面接相談員

夜勤は体力的にきついが
助けを求めている人の
役に立てる満足感がある

■**勤務時間は、早番、遅番、夜勤、日勤の交代制**

　伊勢名奈子さんが働くハッピーセンター東京西では、東京都世田谷区(せたがやく)を中心に、コールボタン一つで24時間いつでもホームヘルパーが駆けつけるサービスを提供している。

　利用者宅には端末機とペンダント型のコールボタンが貸し出される。ヘルパーを呼びたいときにコールボタンを押すとPHS回線で端末機が事務所につながり、ハンズフリーで会話ができる。事務所では、コンピュータの画面にコールした人の氏名、家族構成、身体状況などの情報が表示されるので、オペレーターはそれを見ながら話を聞き、状況に応じてヘルパーを派遣する。22時から翌朝7時は夜間対応型訪問介護として介護保険の適用を受けられるが、日中時間帯は介護保険の適用外なので、実費となる。

　ハッピーセンター東京西での業務には、オペレーター、ヘルパー、面接相談員の3種類があり、常勤の11人と非常勤の3人が交代で務めている。オペレーターはコールに応答し、ヘルパーは訪問してサービスを行う。面接相談員は、利用者宅を訪問して契約したり、3か月に1度のモニタリングで機器の点検や身体状況の確認を行う仕事だ。オペレーターとヘルパーは、早番（7時から16時）、遅番（13時から22時）、夜勤（22時から翌7時）の三交代制で、面接相談員は9時から18時までの日勤だ。なお、夜勤のヘルパーは、コールによる随時

株式会社ジャパンケアサービスハッピーセンター東京西●DATA

東京都世田谷区。ジャパンケアサービスは1990年設立。東日本を中心に在宅介護サービス事業を展開している。04年に世田谷区で夜間対応型訪問介護を受託し、事業を開始。ハッピーセンター東京西は2000年開設。利用者数約250名、職員数15名。うち介護福祉士6名、ホームヘルパー1級1名、2級4名、看護師2名。

訪問のほか、定期巡回の訪問も行う。

ヘルパーは、全員がホームヘルパー2級以上の有資格者だ。オペレーターは、夜間は介護保険適用のため看護師か介護福祉士の国家資格保有者が務める。夜間のオペレーターはおもに看護師が行い、日中帯はオペレーター専門の職員がいるので、伊勢さんがオペレーターを担当することは少ない。2月は、夜勤のヘルパーが8日でオペレーターが1日、早番のヘルパーが1日、遅番のヘルパーが3日、日勤の面接相談員が7日、公休が8日というぐあいだ。

●追いかけた人

伊勢名奈子（いせ ななこ）さん／1979年秋田県生まれ。2001年養成校を卒業し、介護福祉士資格を取得。介護職としてリハビリ病院で2年勤務ののち、アルバイトで別の仕事も経験。ワーキングホリデーでニュージーランドにも滞在。06年より現職。

■**コールがあると、車で駆けつける**

今日は遅番のヘルパーなので、勤務時間は13時からだ。伊勢さんは12時50分ごろに出勤すると、まず稼働バッグの中身をチェックした。サービス記録紙が十分入っているか、体温計と血圧計が作動するかなどを確認して、コールがあればすぐに出かけられるようにする。

勤務時間開始の5分前からは、申し送りをして、情報を共有する。勤務時間になると、コールが鳴るまでは待機時間だ。待機中でもぼんやりしているわけにはいかないので、契約に行く人の書類を用意したり、電話応対をするなど、適宜仕事をこなす。今日は、先月の月間モニタリング報告書を作成することにした。訪問するたびにケアマネジャーには結果を報告しているのだが、月ごとに何回行って何をしたというまとめを作成して報告する。

書類仕事をしている間にもコールはときどき鳴ってオペレーターが応対するが、大半は誤報のようだ。ペンダント型のコールボタンを常に身につけてもらっているので、何かの折に身体がふれるなどして鳴ってしまうことは多い。

勤務開始から2時間半ほど経った15時42分、ある利用者の娘さんからコールが入った。お母さんが転んで出血しているとのこと。訪問看護に連絡したが、電話がつながらないという。オペレー

いつでも出動できるように、出勤すると真っ先に稼働バッグの中身をチェックする。

ターが詳しい状況を確認すると意識はしっかりしており、耳の後ろを切った様子であるとのこと。すぐに救急車を呼ぶことはしたくないとの要望であった。伊勢さんは、状況確認のために車で利用者宅に向かった。移動に20分くらいかかり、16時1分に訪問先に入室。転んだときに下駄箱に頭をぶつけたらしく、後頭部から出血している。押さえたティッシュにはまだ血がにじんでいるようだ。再度娘さんから訪問看護へ電話してもらったところ、看護師が出てくれた。状況からは救急車を呼んだほうがいいと言われて、伊勢さんが119番して救急車を手配した。16時30分、サービス終了。

■立て続けのコールで、次々と利用者宅を回る

訪問中の16時9分に別のコールがあったと、オペレーターから連絡が入る。おむつ交換を頼みたいと利用者の娘さんから連絡があったとのこと。急いでそちらに回るが、離れた地域だったので30分ほどかかってしまった。

当初は土地勘がなく、道に迷ったらどうしようと緊張したりもしたが、常にルートを確認しているので、最近は慣れ、楽に運転できるようになってきた。

17時に訪問先に入室。しばらく前に訪問看護が入って、浣腸（かんちょう）をしたようだ。普段は娘さんがおむつ交換をしているが、浣腸で便が大量に出たときなどはちょっと手に負えないようで、コールがある。ただ、今回は実際には便は出ていず、浣腸液が出てきてしまっただけだった。それでも浣腸液で汚れていたので、お尻を洗浄して、おむつ交換と清拭（せいしき）を行う。

コールの中では、おむつ交換の依頼は多い。普段は定期巡回でヘルパーがおむつ交換をしているが、定期巡回直後に便が出てしまって気持ち悪いのですぐに変えて欲しいとか、普段は家族がやっているが、大量に便が出てしまうと手に負えないといったときに、コールがある。そのほかは、トイレ誘導や、転倒してひとりで起きあがれないから助けて欲しいといった依頼がよくある。

17時27分にサービス終了したが、16時40分に別件のコールが入っていたので、ただちにそちらへ向かう。3件目は、利用者の奥さんからおむつ交換をお願いしますとのこと。少し待っていただくようにオペレーターからは伝えてあるが、立て続けにコールがあったので、かなり待たせてしまった。17時52分に訪問先

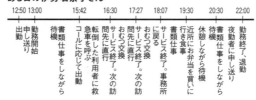

に入室。定期サービスが入っていない利用者で、尿量がかなり多い。おむつ交換をして、18時7分にサービス終了。そのまま事務所に戻る。

■「顔を見ただけで安心した」と言ってもらえると、とてもうれしい

再び書類仕事をしながら待機する。しばらくコールが途絶えたので、19時半ごろから休憩に入ることにした。勤務時間中は、基本的に事務所で待機していなくてはならないが、コールがないときは随時1時間の休憩を取れる。待機中でもお弁当を買いに出るぐらいの外出はできるので、伊勢さんは近所の店で夕食のお弁当を買ってきて、事務所で食べた。あとは少しのんびりしながら、事務所で待機する。1時間後には勤務に戻り、書類仕事の続きを開始した。

そのあともコールがないまま、夜勤者が出勤してきたので、21時55分から申し送りを行い、22時に勤務が終了した。

日によっては、伊勢さんが訪問しなければならないコールが1件もないときもあるが、立て続けに入るときもある。これまででいちばん大変だったのは、夜勤で定期巡回が7件あったうえに、コールが10件入ったときだった。このときには事務所に戻る暇もなく、車で走り回ることになった。

コールにこたえて訪問をしても、身体介護がないと、料金を請求できない。急いで駆けつけてもけっきょく何もしないこともあるが、「顔を見ただけで安心した」と言ってもらえると、とてもうれしい。あるときはコールがあったのに応答がなく、急いで駆けつけると、利用者がすやすや寝ていたことがあった。コールボタンは就寝中でも肌身離さず持っている人が多いので、寝返りをうつときに誤って鳴ったのだろう。それでも利用者の無事を確認できると、伊勢さんは、よかったなと思う。

たとえ身体介護サービスの提供がない訪問であったとしても、助けを求めている人の役に少しでも立てると思うと、満足感がある。夜勤が多いのは体力的にはきついが、伊勢さんは、日々やりがいを感じている。

（取材は2009年2月）

勤務時間開始5分前には申し送りをして、情報を共有する。

第3章 2.
気になる待遇は？

●介護福祉士の給料は一般の会社員に比べ低いが…

　介護を一生の仕事にしようと考えるのであれば、給料がどのくらいもらえるかは、大きな問題です。どんなにやりがいがある仕事でも、自分が生活していくだけの収入がなければ、続けていくことはできません。また、給料は社会的な評価であり、職業人としての誇りにつながります。職業として考えるときに給料を気にすることは、けっして恥ずかしいことではありません。

　それでは、介護福祉士はどの程度の給料をもらっているのでしょう。

　社会福祉振興・試験センターが行ったアンケート調査（「社会福祉士・介護福祉士就労状況調査」）では、2011年、介護福祉士で正規職員として働いている人の年収は、平均で男性357万円、女性310万円でした。

　また、日本介護福祉士会が行ったアンケート調査（「第11回介護福祉士の就労実態と専門性の意識に関する調査」2015年実施）では、正規職員の平均的な1か月の給与は22万1000円です（73ページ図上）。これには残業手当や扶養家族手当など通勤費以外の手当が含まれますが、賞与は含みません。

　どちらの結果も平均的な給料は一般の会社員と比べるとかなり低いというのが現状です。

　現在、介護職員の給料が低くなってしまっている背景には、介護保険制度の問題があります。2000年に介護保険制度が開始される以前は、社会福祉施設の多くは国や地方自治体に業務を委託されたり、その補助金をもとに事業を行ったりしてきました。事業に必要な職員数に応じて委託料や補助金が支給された

こともあり、職員の給料は公務員並みが一般的でした。ところが介護保険制度のもとでは、事業で得る介護報酬の中から人件費をまかなわなくてはなりません。年々増加する介護費用を抑制する意味もあって、3年ごとに見直される介護報酬が切り下げられてきたことなどから、経営困難な事業所が出てきて、職員の給料も低く抑えられる状況になっています。

しかし、あまりにも給料が安ければ、いくらやりがいがある仕事でも、多くの人は仕事を続けられなくなってしまいます。介護職員が職場に定着せず、人手不足によるサービスの質の低下などが問題となり、2009年の見直しでは、介護報酬は3％ですが切り上げられました。介護は社会が必要としているサービスであり、介護職に就く人がいなくなると介護保険制度は成り立ちません。今後も大幅な給料アップは見込めませんが、優秀な人材を確保するためには、ある程度状況は改善されていくと考えられます。

●経験年数が上がれば給料も上がる

ところで平均的な給料では、経験年数や勤務態度でどうかわるかがわかりません。経験や資格は給料を決める際にどの程度評価されるのでしょうか。

前述の日本介護福祉士会による「第11回介護福祉士の就労実態と専門性の意識に関する調査」では、経験年数別の収入について調べています（図下）。それによれば、経験年数が10年未満では15〜20万円未満の人が多いのですが、10年以上では20〜25万円未満が多く、20年以上のベテランになると20〜25万円未満が21.8％ともっとも多いものの、25〜30万円未満が15.5％、30〜35万円未満が12.1％、35万円以上は

正規職員の月給額

（日本介護福祉士会「第11回介護福祉士の就労実態と専門性の意識に関する調査」2015年実施より）

介護職としての通算経験年数別1か月の収入

（日本介護福祉士会「第11回介護福祉士の就労実態と専門性の意識に関する調査」2015年実施より）

気になる待遇は？

13.3％と、かなり高い給料をもらっている人も少なくありません。

●有資格者は高評価・厚遇

　資格を取ったことは、給料には反映されるのでしょうか。

　社会福祉振興・試験センターによる「社会福祉士・介護福祉士就労状況調査」によれば、資格手当をもらっている介護福祉士は44.4％です。手当の額は平均で月額8,186円となっています。事業所によっては、資格手当という形で評価されるところも少なくはないようです。医師や看護師と異なり、資格がなくても介護の仕事はできますが、介護報酬では資格がある人のサービスは高く評価されるので、有資格者は厚遇されるしくみになっています。

●非正規職員の場合は

　非正規職員として働く場合は、どうでしょうか。

「社会福祉士・介護福祉士就労状況調査」によれば、非正規職員の年収は、常勤の場合、平均で男性242万円、女性で230万円、パート等では男性161万円、女性119万円です。また前出の日本介護福祉士会のアンケート調査によれば、正規職員以外の1か月の給与平均額は14万6000円となっています。国家資格保有者として看護師などに比べるとけっして高いとはいえませんが、大都市圏だけではなく地方も含めた全国平均の結果ですから、何の資格も持たない人に比べると、ややよいといえるでしょう。

　このように見てくると、介護の仕事はけっして給料がよいとはいえませんが、資格を取り、経験年数があがれば、給与面でもそれなりに評価されています。また、専門職としての資格や経験が評価されるため、都合で転職したり、一時的に非常勤として働きたいときには有利です。今後高齢化が進めば、介護の仕事が減ることは考えられません。長い目で見れば失業のリスクが少なく、手堅い仕事といえるでしょう。

メモ 4

[給料はどこから出るの?]

answer
みんなの税金と保険料から支払われる

　介護保険制度では、介護サービスを受けると、それを提供した事業所にサービスに応じた介護報酬が支払われます。どういうサービスにいくら支払うかという基準額は、基本的に全国一律で、3年ごとに見直されます。

　事業所のおもな収入源は介護報酬で、その中から家賃、通信費、光熱費、設備の維持費など、あらゆる経費を支払って事業を運営します。介護職員の給料も、そこに含まれます。経費をどのように使うかは各事業所が選択できるので、中古施設をうまく利用してその分で優秀な人材を集めたり、パートタイマーを活用して人件費を抑え設備を充実させるなど、特徴ある運営が可能です。利用者は、その地域で利用できるサービスの中から自分の好みに合ったものを選択できます。ただ、元になる介護報酬が決まっているので、かけられる経費には限界があり、それを超えると赤字になってしまいます。

　それでは、介護報酬はいったいだれが負担しているのでしょうか。利用者負担分（1割または2割）を除いた残りを、公費と保険料で50％ずつ負担します。公費の内訳は国が25％、都道府県と市町村が12.5％ずつです。これらは税金でまかなわれます。保険料は、第1号被保険者の保険料と第2号被保険者の保険料の両方が使われます。

　サービスを維持できなければ困る人が増えるし、かといって手厚くしすぎれば、みんなの貴重な税金や保険料が一部の人だけに使われていいかという問題が生じます。本当に必要な人が必要なときに使えるようにどうやって調整するかが課題です。

第3章
3. 精神的な満足度は?

●国家資格、技術の修得、やりがいなどが魅力的な仕事

　生活していくために給料は重要ですが、人間は給料をもらうためだけに働くわけではありません。自分が人の役に立っているか、自分の能力が認められているか、興味があることを追究し工夫できるかといったことが、仕事をするうえでの満足感につながります。介護福祉士の仕事は、満足度という面では、どうでしょうか。

　日本介護福祉士会のアンケート調査では、介護福祉士の資格を取った動機として、「国家資格だから」「将来役に立つと思ったから」「介護技術を身につけたかったから」などに並んで「やりがいがある」ということが挙げられています。特に30歳代以下の年齢では、「国家資格だから」「将来役に立つと思ったから」に次ぐ順位となっています。

　そして、転職経験がある介護福祉士が前の職場を辞めた理由は、「職場の運営方針・考え方の違い」「給与が低い」「職場の人間関係」などが挙げられており、「仕事にやりがいが感じられない」と答えた人は14％程度です。社会福祉振興・試験センターの「平成24年度社会福祉士・介護福祉士就労状況調査」でも、職場を辞めた理由としては、「法人・事業所の理念や運営のあり方に不満があった」「職場の人間関係に問題があった」「収入が少なかった」などが挙げられています。さらに、この就労状況調査では、再び福祉・介護現場等の仕事に復職したきっかけや動機として、「この仕事が好きだと思った」という回答が多く寄せられています。

つまり、仕事を離れた理由として、介護の仕事自体に不満があったという人は多くはありません。就労条件さえ整えば仕事を続けたい、戻りたいと考えている人が少なくないといえます。

●人の役に立ち、自分の成長にもつながる

　介護の仕事で得られる精神的な満足度の大きな理由となっているのは、人の役に立っているという実感を日々感じられることでしょう。

　介護の仕事では、利用者や家族から直接「ありがとう」といってもらえたり、つらそうだった人が自分の働きかけで笑顔がみられるようになるなど、自分の仕事が人の役に立っていると思える場面に毎日のように出会います。一つひとつは小さいものでも、自分が人の役に立ち感謝されているという喜びに直接出会える仕事は、そう多くはありません。

　大勢の人とかかわれる仕事であることも、介護職を魅力的なものにしています。介護の現場では、豊かな人生経験を経てきた、さまざまな価値観を持つ人々に出会います。豊かで平和な日本で育った世代には、戦争の体験者から昔の話を聞いたりすることは新鮮で、まったく違った世界を知ったり、人間性にふれることで、自分の人間的な成長を感じるという人も少なくありません。

●職場では専門職として認められている

　専門職として評価されることも、精神的な満足度につながります。だれにでもできることではなく、専門的な知識や技術を生かして仕事をしていると認められれば、自分が高く評価されていると感じることができ、満足感はより大きなものになるでしょう。

　介護福祉士は職場においてどの程度専門性が認められているのでしょうか。日本介護福祉士会の「第11回介護福祉士の就労実態と専門性の意識に関する調査」によれば、「認められている」が29.9％、「どちらかというと認められている」が28.0％で、合わせて57.9％になります（78ページの図参照）。「認められていない」が6.2％、「どちらかというと認められていない」が8.7％で合わせて14.9％ですから、多くの介護福祉士は職場での専門性を認められているといえるでしょう。また、図に示したように、過去の調査との比較では波はあるも

のの認められているとする人が徐々に増加していく傾向にあります。

●今後、専門職としての評価は高まっていく

　これまで介護福祉士は、2年以上の養成施設を卒業するか、3年以上の実務経験を経て国家試験に合格するかのどちらかで国家資格を得ることができていました。ほかの国家資格を見てみると、医師や看護師などほとんどの国家資格は、学校（養成施設）で一定のカリキュラムを修了したあとで国家試験を受験し合格しないと資格を取得することができません。したがって、介護福祉士は国家資格の中では少し特殊な存在でした。

　ところが、資格取得方法の見直しにより、今後は学校で一定の課程を修了することと、国家試験に合格することの両方が必要になり、ある意味ほかの国家資格と肩を並べることになります。

　資格が取りにくくなることは、これから資格取得をめざす人にとってはハードルが高くなるということです。しかし、取るのがむずかしい資格であればあるほど、資格を取った人に対しては、社会的な評価も、自分自身の満足度も、さらに高まっていくことでしょう。

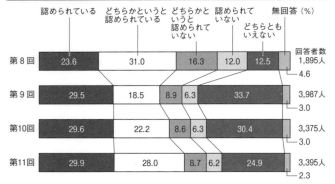

（日本介護福祉士会「第11回介護福祉士の就労実態と専門性の意識に関する調査」2015年実施より）

●第3章
介護福祉士の職業生活理解度をチェック

立ち止まってチェック！

介護福祉士の職業生活について、
正しく理解できましたか？
もう一度チェックしておきましょう。

- [ ] 日勤・早出・遅出・夜勤を交代でこなす変則勤務の確率が高い
- [ ] 夜勤は月に4～5回
- [ ] 1週間の労働時間は、一般会社員と同程度
- [ ] 有給休暇は取れるが、ほかの職員と譲り合って早いうちに決める必要あり
- [ ] 給料は経験年数により上がる
- [ ] 給与はほかの産業と比べてあまり高くない
- [ ] 約4割の事業所で資格手当をもらえる
- [ ] 専門職なので、転職や再就職はしやすい
- [ ] 失業のリスクは低い
- [ ] 人の役に立ち、自分の成長を感じられる仕事
- [ ] 資格は職場で認められつつある
- [ ] 介護の仕事はやりがいが大きい
- [ ] やむなく仕事を辞めても、条件さえ整えば復帰したいと思う人が多い

第4章
考えておきたい介護福祉士のこれからの可能性

介護の仕事は、どのように変化していくのでしょう。
現状を理解し問題点を把握して、よりよい介護ができるように
はたらきかけていくのは、介護の専門家の使命です。
また、社会情勢の変化にともなって、
自分はどんな働き方をしたいのか。
将来のことを考えておきましょう。

第4章

1. これからの介護はどうなる?

●介護の需要は増え続ける

　日本の65歳以上の人口は、すでに25％を超えて超高齢社会に突入しています。また、国立社会保障・人口問題研究所の2012年1月の「日本の将来推計人口」によれば、2018年には28％、2024年には30％を超え、2060年にはほぼ40％まで上がると推測されています（次ページの図参照）。

　労働力人口が減少しすべての産業で労働力が不足する中で、介護が必要な人は逆に増加し、介護の需要はますます高まっていくと予想されます。

　介護の需要の高まりに見合った介護労働力の不足に対応するため、政府はいくつかの方策を打ち出しています。2006年の介護保険の大幅改正では、予防という視点を取り入れました。重症になる前に予防サービスを提供することで、重度の介護が必要になる人を減らしていこうという考え方で、利用する人の幸福にもつながります。

　また、2008年には「社会保障の機能強化のための緊急対策〜5つの安心プラン〜」の中で、介護労働者の人材確保のため、やりがいを持って仕事ができる環境を整えることを明言しました。その方針のもとで、これまで財政負担削減を第一に切り下げてきた介護報酬を、2009年の見直しでは3％切り上げました。直近の2015年の見直しでは、介護報酬全体は切り下げとしたものの、介護職員の処遇改善については加算などにより1.65％の切り上げとしています。さらに、2008年からは、3年後に介護福祉士国家試験に合格することを条件に海外からの労働者受け入れも始まっています。

●介護福祉士の仕事は高度化する

　介護のニーズは「量」と同時に「質」の確保も問題とされてきています。
　医学の進歩によって重度の介護が必要な状態で長期間生存し続ける人が増え、介護の重度化が進んできています。また、社会の考え方の変化によって、ともかく暮らしていければよいのではなく、ライフスタイルを尊重することが重視されるようになり、利用者の多様な価値観に合わせて介護も多様化しています。このような重度化や多様化に対応するためには、高度な専門知識と技術を持ち、豊かな経験を積んだ介護福祉士が求められています。

　それを受けて、2007年12月に「社会福祉士及び介護福祉士法」が改正され、介護福祉士の定義、資格の取り方、養成施設でのカリキュラムなどが大幅に変更されました。

　さらに、2011年の改正により、介護職による喀痰吸引等の医療的ケア（20ページ参照）が認められたことで、定義や養成カリキュラムが変更されています。

　介護福祉士の定義では、「専門的知識・技術をもつて、入浴、排泄、食事その他の介護等」を行うことを業とする者とされていたのが「専門的知識・技術をもつて、心身の状況に応じた介護（喀痰吸引等を含む）等」を行うことを業とする者と変わりました。身体介護にとどまらず、認知症の高齢者など心のケアが必要な人へも対応できることが求められてきています。

　資格の取り方では、これまで養成施設を修了するか実務経験を経て国家試験に合格するか、どちらかでよかったものが、原則として養成施設で一定のカリキュラムを修了したあと国家試験に合格した人だけが介護福祉士になれるという形に変わりました。また養成施設での履修内容は、時間数が増えるとともに、実際の介護に即した対応ができるようにと内容も変わってきています。

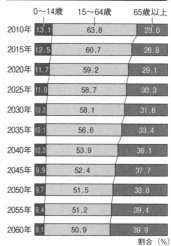

年齢区分別人口割合の推移
（出生中位・死亡中位での推計）

	0～14歳	15～64歳	65歳以上
2010年	13.1	63.8	23.0
2015年	12.5	60.7	26.8
2020年	11.7	59.2	29.1
2025年	11.0	58.7	30.3
2030年	10.3	58.1	31.6
2035年	10.1	56.6	33.4
2040年	10.0	53.9	36.1
2045年	9.9	52.4	37.7
2050年	9.7	51.5	38.8
2055年	9.4	51.2	39.4
2060年	9.1	50.9	39.9

割合（％）

（国立社会保障・人口問題研究所「日本の将来推計人口」2012年1月より）

これからの介護はどうなる？

●資格取得後のレベルアップも視野に

　仕事の高度化に対応するためには、資格を取ったあとにもレベルアップを続けていけるようなシステム作りが必要です。たとえば、介護福祉士の上位の資格として、認知症など専門分野について知識や技術を身につけた専門介護福祉士や、高度な知識と技術を身につけリーダーシップを発揮する管理介護福祉士の制度ができれば、より確かな専門家としてレベルアップをめざす人が増えていくでしょう。日本介護福祉士会では、このような観点から生涯研修制度を作成し、2007年から実施を開始しました（93ページ参照）。

●小規模化・地域密着型のサービスへ

　今後の介護の方向性を語るときに忘れてはならないのは、地域密着型のサービスです。介護保険制度が始まる以前は、高齢者の介護は、特別養護老人ホームなどの施設への入所を中心に整備されてきました。しかし、施設での集団生活では食事のメニューやスケジュールなどはどうしても一律になりがちで、一人ひとりの嗜好や習慣に合わせることはむずかしくなります。また、大規模の施設は地価が安い郊外に建設されがちです。入居によって長年住み慣れた地域から離れると、家族やそれまでの友人との行き来も気軽にできなくなります。

　自宅で暮らせる人は、訪問介護などのサービスを使いながらなるべく自宅で暮らし、自宅で暮らすことがむずかしくなった人でも地域に密着して自宅に近い状態で暮らせるグループホームのようなサービスの増加が進められています。

　介護保険制度では2006年の改正で、地域密着型サービスが創設されました。介護保険の事業者は、これまで都道府県が指定を行ってきましたが、地域密着型サービスでは、市町村が指定と指導・監督を行います。また、その事業者を指定した市町村の住民しか、そのサービスを利用できません。サービスの種類も、定員29人以下の小規模特養、小規模多機能型居宅介護（85ページ参照）、夜間対応型訪問介護（67ページ参照）など特徴あるサービスが用意されています。今後、介護サービスは、小規模化と地域密着型の割合が増えていくことでしょう。

介護保険における地域密着型サービスの種類

・介護給付
小規模多機能型居宅介護
夜間対応型訪問介護
認知症対応型共同生活介護（グループホーム）
認知症対応型通所介護（デイサービス）
地域密着型特定施設入居者生活介護
地域密着型介護老人福祉施設入所者生活介護（小規模特養）
・予防給付
介護予防小規模多機能型居宅介護
介護予防認知症対応型共同生活介護（グループホーム）
介護予防認知症対応型通所介護（デイサービス）

【地域密着型サービスは増えた？】

A　2011年改正で、定期巡回・随時対応型訪問介護看護と看護小規模多機能型居宅介護が創設、2014年改正で、小規模通所介護が地域密着型サービスへ移行（実施は2016年4月）し、全9種類。予防給付は3種類のまま。

小規模多機能型って何？

answer
複合的な機能を持つ地域密着型サービス

　2006年の改正で登場した地域密着型サービスの一つで、通い、訪問、宿泊の3つのサービスを提供しています。利用者はこの3つのサービスを状況に応じて随時利用できます。登録定員は1事業所あたり29名以下です。

　地域密着型サービスは、小規模で地域に根ざした介護をめざしたもので、通常は都道府県単位が行う許認可を市町村が実施します。また、その市町村の居住者しか利用できず、住み慣れた地域から離れないで利用することが前提になっています。

　小規模多機能型居宅介護は、認知症高齢者の利用を中心に想定しています。認知症ではそのときどきで必要なサービスが違ってきますが、そのたびに環境の変化があると利用者が不安を感じやすくなります。近所の同一の事業所で、状況に応じて臨機応変にサービスを使い分けできることは大きなメリットです。

　多様なサービスを随時組み合わせて利用するため、介護報酬は一つひとつのサービスではなく、登録者の介護度に応じた1か月あたりの固定額です。利用者側は安心して自由に利用でき、経営者側は利用の有無にかかわらず一定額の報酬を得られます。事業者側にとっては、軽度利用者が多くなると採算が取りにくい、利用者側にとっては、一部の介護サービスが受けられなくなる、ケアマネジャーの変更が必要となるなど、利用にあたってハードルが高いという懸念がありましたが、メリットが上回り、地域密着型サービスの中では大きな伸びを示しています。

　また、小規模多機能型サービスと訪問看護を組み合わせた看護小規模多機能型居宅介護が2011年の改正で創設されています。

ルポ❻
取材先◎小規模多機能みのりの家
しごと◎フロアリーダー

スケジュールは特に決まっていない
話の流れの中で
何をするかが決まっていく

■日によって利用者の人数はまちまち

　柳下理枝子さんはホームヘルパーの経験をかわれ、管理者候補として2008年11月にみのりの家に転職。小規模多機能型ははじめてなので、現在はフロアリーダーとして管理者の見習い中だ。

　柳下さんは8時40分ごろに出勤すると、まず今日来る予定の利用者とスタッフの人数と名前を確認した。集まる人の状況に合わせて、レクリエーション担当、入浴担当などスタッフの役割を割り振り、担当表を作っている。人数が多いときは、入浴は午前と午後に分けるが、今日の利用者は5人で入浴するのは3人だけだ。午後の入浴担当は必要ないだろう。登録利用者数は現在17人だが、小規模多機能では利用者が自由に来る日を決めるので、日によって利用人数が大幅に変わる。そこでスタッフの人数も、利用者3名あたりスタッフ1名以上になるようにして、日によって調整している。

　みのりの家では、日勤（9時から18時）と夜勤（18時から翌9時）の二交代勤務だ。夜は最大4名の宿泊者を1名のスタッフで見るが、宿泊者がいない日もある。また、夜勤専門の非常勤スタッフがいることもあって、常勤スタッフの夜勤負担はそれほど重くない。柳下さんも近々夜勤をやる予定だが、管理者として全体をまとめていくためには、今後、基本的には日勤が中心になるだろう。ただ、みのりの家は年中無休なので、休みは週に2日分を交代で取る。事

大信産業株式会社小規模多機能みのりの家●DATA

横浜市南区。運営母体の大信産業株式会社が2002年訪問介護事業、2003年グループホームを開設。小規模多機能みのりの家は、グループホームに併設する形で2007年4月開設。利用者数17名。職員数16名。うち介護福祉士4名、ケアマネジャー2名、ホームヘルパー1級4名、2級9名、看護師2名。

務職のように週末は休みというわけにはいかない。

勤務開始時刻の9時ごろ、スタッフがそろったのを見計らいミーティングを行った。夜勤からの引き継ぎをして、今日の人数と利用者一人ひとりについての注意事項を説明する。

●追いかけた人

柳下理枝子（やぎした　りえこ）さん／1956年福岡県生まれ。家族介護に役立てばと2005年ホームヘルパー2級を取得。介護に興味がわきホームヘルパー、サービス提供責任者として働きながら、06年1級、08年介護福祉士資格取得。08年11月より現職。

ミーティングが終わると、送迎担当者はすぐに送迎に向かう。柳下さんは送迎はしないので、お茶出しの準備をしたり、昨晩から泊まっている人の様子を見に行ったりする。9時過ぎには最初の人が到着し、だんだん人数が増えて、10時くらいには全員がそろう。まずは、健康状態を確認し、そのあと順番に入浴してもらう。

■自慢の食事を利用者と一緒に食べる

3人が交代に入浴している間、柳下さんは、利用者と一緒に壁飾り作りを始めた。毎月、1週間くらいかけて、季節をテーマに紙細工の壁飾りを作る。3月はキャベツ畑にしたので、茶色の台紙に緑色のキャベツを並べ、隅っこにモグラをあしらってみた。明日は蝶（ちょう）や芋虫を入れてみよう。

小規模多機能は家庭の延長という考え方なので、基本的にはその人がやりたいことをやってもらうが、手持ちぶさたな様子の人には、スタッフから「これをやってみませんか」と持ちかける。壁飾り作りも、そういうものの一つだ。何をする、しないに制限はないので、希望があって対応できそうなら、どんなことでもする可能性がある。先日は、みんなでスーパー銭湯に出かけたくらいだ。

入浴が終わり、一息ついたところで、11時半からは体操だ。柳下さんが前に出て、いすに座ったままできる簡単な体操を一緒に始めた。体操をしておなかがすいたころには、厨房（ちゅうぼう）からおいしそうなにおいが漂ってきた。

12時からは昼食で、スタッ

「手を閉じてグー。開いてパー。はい、グッパッ、グッパッ」。食事の前に軽い体操をする。

フは利用者と同じテーブルについて同じ食事を一緒に食べる。みのりの家では、医食同源を理念に掲げている。おいしくて健康にいいものを食べると、体調はよくなり気持ちも明るくなる。おいしい食事で元気になってもらおうという考え方だ。特に、素材にこだわっており、オーナーが郊外の直売所からまとめて仕入れて来る新鮮な野菜が自慢だ。素材がいいと、どう料理してもおいしい。自宅では細かく刻まないと食べられないのに、みのりの家では普通の食事でもつい箸が進むという人もいる。

　調理は専門の職員がいるが、柳下さんは利用者の様子を見ていて、気がついたことを調理担当の職員に伝えることもある。たとえば歯がない人は細かく刻んだほうが食べやすいが、嚥下（飲みくだすこと）が困難な人は、細かいものが口の中でばらけてしまうのでむせやすい。オムレツの具は、卵でとじてもらったほうが食べやすそうだ。こうしたことは、ホームヘルパー時代の経験から学んだ。自分が蓄積してきたものは、できるだけほかのスタッフにも伝え、共有するようにしている。

■利用者が昼寝する時間帯に交代で休憩を取る
　昼食後、13時から14時半くらいまで昼寝をする人が多いので、スタッフは30分ずつ交代で休憩を取る。昼寝をしない人のために、2人以上のスタッフがフロアに残るが、比較的手が空くので、細々とした仕事を片付けるチャンスだ。家族との連絡ノートを書いたり、入浴後に洗濯機で洗っておいたタオルを干したり、ケアマネジャーに相談したりと、することは多い。

　昼寝をした人には、おやつの前には起きてもらうようにしている。寝すぎてしまうことのないよう、昼寝の時間には気を遣っている。

　おやつを食べ終わったあとは、レクリエーションの時間だ。今日は、レクリエーション担当が企画した、トイレットペーパーをテーブルの両側からうちわであおぎ、敵陣に落とすというゲームをした。単純なゲームでも意外にみんな熱中してしまう。午後のレクリエーションも、いつもスタッフが決めたことをするわけではなく、話の流れの中で自然に決まっていくことも多い。しばらく映画を見ていないという話が出れば、次の日にDVDを借りてきて映画鑑賞会を

ある日の柳下理枝子さん

8:40	出勤、担当表作成
9:00	利用者出迎えなどお茶出しの準備ミーティング
10:30	体操壁飾り作り
12:00	配膳
13:00	昼食
13:30	休憩
14:50	おやつを出す連絡帳を書く、洗濯物干しなど
16:20	ゲーム
17:30	残っている利用者の見守り、雑用帰宅する利用者の準備、見送り
18:30	送り帰宅夕食の配膳残っている利用者の見守り
—	退勤記録作成、翌日の準備

したり、今日は天気がよさそうということになれば散歩に出かけたりする。

レクリエーションは16時20分ごろまでに終え、16時半には一部の利用者が帰宅する。それまではわいわい騒ぐことが多いので、残った人はテレビを見るなどしてのんびり過ごす。柳下さんは、記録を書いたり、翌日の準備をしたりと雑用をこなす。

17時半には残っている人に夕食を出す。18時ちょっと過ぎくらいに夕食を食べ終わると、宿泊する人以外は帰途につく。

勤務時間は18時までだが、まだ利用者がいれば、時間が来たのでもう帰りますというわけにはいかない。柳下さんは最後の人を見送って、あと片付けをしてから、18時半ごろに帰路についた。

■困難な課題があると、逆に燃えてしまう

柳下さんはホームヘルパー2級を取ったあと、習ったことを忘れないようにという程度の軽い気持ちで登録ヘルパーとして働き始めた。ところがやってみると仕事はおもしろく、気がついたら常勤ヘルパーからサービス提供責任者へ。自分がどこまで通用するか、腕試しをしたくなり、別の事業所に移って困難事例を中心に常勤ヘルパーとして働いた。1年後、みのりの家に誘われて、また新たな挑戦をしたくなって転職した。ホームヘルパーをやめるときに、多くの利用者から惜しんでもらえたのは、自分の財産だと思っている。

介護は人間が相手だから、何が起きるかわからない。何か起きたときには、大変なことになったと悩む前に、どう対処しようかと前向きに考えていく性格だ。お風呂に入りたくないと言っていた人が、喜んで入ってくれる方法を見つけたときなど、思わず「やった」と思ってしまった。でも、工夫するおもしろさに増してうれしいのは、利用者の笑顔が見られることだ。

現在の悩みといえば、仕事に熱中すると家事がおろそかになりがちなことだが、家族が応援してくれるので、続けられている。これからも目標をもって常に勉強を続けたいと思っている。

（取材は2009年3月）

みのりの家では食事が自慢だ。配膳をして、利用者と一緒に食べる。

第4章 2.
資格取得後の可能性を探る

●専門家として誇れる存在になるには経験がいる

　どんな仕事でも、資格を取っただけですぐに一人前の仕事ができるわけではありません。専門家として誇れる存在になるためには、経験が重要です。学校で習うことは基本ですが、仕事の現場では習った通りのやり方でうまくいくとは限りません。その場の状況に合わせ、臨機応変に判断していくことが大切です。仕事としてさまざまな状況に出会い実際に対処していくことで、どんな場合にも対応できる自信がついてきます。

　そのためには、まずは仕事に就くことが必要です。最初は、できればベテランの介護福祉士が何人かいて、相談できる職場がいいでしょう。一つの職場で何年か働いて仕事のこつがつかめてきたら、幅広い経験を積むために転職したり、別の部署に異動してみたりしてもいいでしょう。特別養護老人ホームの次は訪問介護など、まったく異なる仕事を経験して介護福祉士のジェネラリストをめざしてもよいし、デイサービスならデイサービスで複数の事業者を経験し、デイサービスの専門家をめざす方法もあります。自分がどんな介護福祉士になりたいのかを考えて、職場を選んでいきましょう。

　介護福祉士は専門職なので、転職しながらキャリアを磨いていくことが可能です。日本介護福祉士会による「第11回介護福祉士の就労実態と専門性の意識に関する調査」によれば、転職の経験がある介護福祉士は48.3％で、35.6％は介護関連から介護関連への転職です。また、介護関連から介護関連への転職経験者は、2回以上転職した経験が多くなっています（次ページの図参照）。

●研修や職能団体所属で勉強を続けよう

　専門家として自信を持って働くためには、勉強を続けることも必要です。医学や介護技術の進歩、介護保険など法制度の変化により、介護に必要な知識は年々変わっていきます。また、人々の考え方が時代とともに変化し、古いやり方では対応できなくなることも少なくありません。職場での勉強会だけでなく、外部の研修などにできるだけ参加して、最新の情報を収集したり、知識や技術を深めたりしていきましょう。

　日本介護福祉士会では2007年から生涯研修制度（93ページ参照）が始まっていて、新人からベテランまで体系的な研修を受けられるようになっています。たとえば認知症専門研修や障害者支援の研修を修了すれば、その分野の専門家として評価されることになり、介護福祉士資格取得以後のキャリアアップにつながります。

●認定介護福祉士を目指そう

　認定介護福祉士とは、経験と幅広い知識等を活用し、利用者、職場、他専門職、地域などに広く「かかわる」「支援する」役割を担う専門性の高い介護福祉士をいい、介護福祉士のキャリアアップのために2015年から設けられた新しい制度です。

　認定介護福祉士になるためには、専門の研修を修了後、申請により認定介護福祉士認証・認定機構による認定を受けます。

●いずれは管理職や指導者として

　経験を積み、職場で頼られる存在になってくると、管理職や指導者としての役割を求められるようになります。ほかの部署や外部と連携したり、さまざまな決定事項について最終的に判断したりなど、責任ある仕事が増えてきます。最終的には、施設長として経営に加わったり、理想の介護を実現するために、自分でグループホームなどの事業所を開設したりする可能性もあるでしょう。

　ベテランになると、新人の指導をまかされるようにもなりま

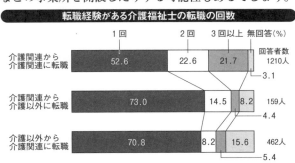

転職経験がある介護福祉士の転職の回数

	1回	2回	3回以上	無回答(%)	回答者数
介護関連から介護関連に転職	52.6	22.6	21.7	3.1	1210人
介護関連から介護以外に転職	73.0	14.5	8.2	4.4	159人
介護以外から介護関連に転職	70.8	8.2	15.6	5.4	462人

（日本介護福祉士会「第11回介護福祉士の就労実態と専門性の意識に関する調査」2015年実施より）

す。ほかの人を指導するためには、自分で実行するとき以上にしっかりと理論や技術を身につけておかなくてはなりません。また、介護技術や理論とは別に、人にわかりやすく説明するための工夫も必要です。

日本介護福祉士会では、リーダーや指導者の養成講習も実施しています。指導者をめざして、そういう講習を受講していけば、自分の知識や技術に磨きをかけることもできるでしょう。

人を教えることが好きであれば、将来は介護福祉士養成施設の教員として、未来の介護福祉士を育てる仕事もあります。介護福祉士として養成施設で介護の科目を教える専任教員になるには、資格取得後5年以上の実務を経験し、300時間の介護教員講習会を受講する必要があります。

● ケアマネジャーをめざすことも可能

ケアマネジャー（介護支援専門員）とは、どんな介護サービスを受けるかを本人や家族と相談してケアプラン（介護計画）を作成し、サービス提供事業者などと連絡を取り合って、適切なサービスが受けられるように支援する仕事です。介護保険の適用を受けるには本人かケアマネジャーの資格を持つ人がケアプランを立てる必要があり、介護保険制度において重要な役割です。

ケアマネジャーになるには、保険・医療・福祉などの分野で一定レベルの実務経験がある人が、各都道府県が実施する実務研修受講試験に合格して、44時間の実務研修を受講しなくてはなりません。看護師、社会福祉士、介護福祉士など特定の資格があるか相談援助に従事している人が実務経験5年以上で実務研修受講試験を受験できます。

ケアマネジャーになってさらに経験を積めば、主任ケアマネジャー（主任介護支援専門員）になる道もあります。主任ケアマネジャーは、地域包括支援センターでケアマネジャーの相談に応じたり、困難な事例に対処したりするケアマネジャーのエキスパートです。ケアマネジャーとして5年以上の実務経験があり、都道府県の行う主任介護支援専門員研修を終了した人から任命されます。

ケアマネジャーの資格取得方法

ステップ1

都道府県の実施する介護支援専門員実務研修受講試験に合格する。

〈受験資格のあるおもな人〉
- 医師、保健師、看護師、理学療法士、作業療法士、社会福祉士、介護福祉士などの資格をもち、それらの仕事で実務を5年以上経験した人
- 老人・障害者施設などで5年以上相談援助の実務を経験した人

ステップ2

44時間以上の実務研修を受講して修了する。

地域包括支援センター
介護保険法に基づいて、地域の高齢者やその家族からの相談に応じたり、連絡調整をする機関。介護予防や虐待防止の役割も果たす。

メモ 6

[生涯研修制度って?]

answer
キャリアアップのため体系化した研修制度

　資格取得後のキャリアアップのためには、研修制度の体系化が重要です。全国社会福祉協議会は、厚生労働省の補助を受けて、介護職員の能力開発とキャリア開発を支援する研修体系のあり方について検討し、2006年までに3回の提言を行いました。日本介護福祉士会では、それまで独自に実施・構想してきた研修制度とこれらの提言との整合性を図る形で、2007年に生涯研修制度を発表し、実施しています。

　生涯研修制度では、資格取得後実務経験2年未満の人を対象にした初任者研修にはじまり、実務経験2年以上の人が対象のファーストステップ研修を経て、より高度な専門能力を開発・証明する専門介護福祉士、研究介護福祉士、管理介護福祉士の研修が根幹となっています。また、そのほかにこれまで実施されてきた研修の中で、介護福祉士の資質の向上に意義があるものとして、リーダー・講師・指導者養成、サービス提供責任者研修、日本介護福祉士会・ブロック及び都道府県支部主催研修、日本介護福祉士会の認定した他団体主催研修などを組み込んでいます。

　生涯研修制度にはポイント制度が導入され、研修の受講時間などによって得られるポイントにより、希望者の多い研修を優先的に受講できたり、研修によっては一定以上のポイントを得ないと受講できないしくみになっていたりします。

　専門介護福祉士、研究介護福祉士、管理介護福祉士の研修については、一部以外は検討中の段階ですが、今後、順次実現されていく予定です。

<インタビュー2>

ステップアップした介護福祉士にきく

多様な経験と勉強が、仕事で生きる

話をきいた人●長嶋 美穂さん

——介護職のときから、スキルアップの勉強はしておられましたか。

　新卒で現場に入ったころは、ともかく仕事をこなすだけでせいいっぱいでした。2年くらい経ったころに日本介護福祉士会で活躍している方が職場に転勤してこられ、こういう頭のいい方と一緒に勉強できたらと思って自分も入会し、勉強会に出るようになりました。

——介護福祉士会での勉強は、役に立ちましたか。

　職場以外で横のつながりができたのはよかったですね。職場ではちょっと聞きづらいことも、外部の人になら聞くことができます。また、ケアマネジャー（介護支援専門員）の試験前には、ずいぶんアドバイスをいただきました。

——ケアマネジャーになろうと思ったきっかけを教えてください。

　介護保険制度が始まったころ、施設で働いていると、介護保険について入居者の方から質問されるのですが、なかなか答えられなかったんです。そこで、せっかくだから介護保険について勉強してみようと思い立ちました。勉強は大変で自分にはとても無理かと思ったのですが、なんとか実務研修受講試験に合格できたので、せっかく勉強したことを生かそうと考えて転職しました。

——転職されて、どうでしたか。

　当時は介護保険制度の導入直後で、制度が定まっていなくて大変でした。それから、施設と在宅の違いにもとまどいました。おむつや清拭用品のような施

設には当然あるものが、一般の家庭にはないことがあります。必要なものがなくてもその場で何とかしなくてはならず、一時は「ああ、施設に戻りたい」と思うこともありました。でも、やっぱり自宅で暮らすとみなさん元気になるので、在宅はいいなと感じました。また、多様なサービスを組み込んでケアプランを作る際に、それぞれの専門家からいろいろな知識を得られることは、いい勉強になりました。

逆に施設で介護をやった経験を利用者さんから評価していただけると、うれしいですね。施設でも在宅でも、経験したことが自分の仕事に生かされていると思います。

── 最近、別の居宅介護支援事業所に移られたのはどうしてですか。

いまの事業所が新しく開設されると聞いて、新しいところで一からやってみたいと思いました。利用者さんのファイル作りからかかわったり、あいさつ回りをしたりと、これまでやったことがない体験をさせていただいています。

── **ケアマネジャーになってからも、勉強は続けておられますか。**

研修などには、機会があれば、できるだけ出るようにしています。東京都が実施するケアマネジャー用の研修はもちろん、製薬会社がターミナルケアについて講演会をやると聞けば、出かけてみたり。役に立ちそうだと思えば、有料の研修に自己負担で行くこともあります。

1年ほど前には、主任介護支援専門員の研修を受けました。地域包括支援センターで働く予定はないのですが、いろいろな人とつながりをもてたらいいなと思ったんです。3か月で11日間の研修ですが、遅刻は厳禁ということで、仕事をしながら通うのは大変でした。でも、ターミナルケアやスーパービジョンについて学んだことは、いまの仕事にも役立っています。

── **将来、仕事のステップアップのためにやりたいことはありますか。**

まだ夢の段階ですが、一度海外に出てみたいと思っています。学生時代に参加した約1週間のスウェーデン研修は、とても学ぶことが多くて新鮮でした。外国で働くか留学できれば、日本の介護のよいところも悪いところも、はっきり見えてきそうです。でも、そのためには、まず英語の勉強が必要ですね。

（取材は2008年12月）

ながしま みほさん
居宅介護支援事業所江古田の森・ケアマネジャー。1976年東京都生まれ。96年養成校卒業後、特別養護老人ホームに就職。2002年にケアマネジャーとなり居宅介護支援事業所へ。07年現事業所に移る。

第4章 3. いざ仕事を探すには

●養成施設に入学したなら、まず学校に相談

　現在、介護職は人手不足気味で、今後、ますます人材が求められていく傾向にあります。求人はたくさんありますが、労働条件や職場環境はさまざまです。将来のことを考えれば、先輩からの指導が受けられるか、勉強を支援してくれるかなどを考慮して、慎重に選ぶのがよいでしょう。

　また、対象は高齢者か障害者か、施設か在宅かなど、自分の希望に合った職場を見つけるためには、職場の状況を詳しく調べ、よく考えて決めていく必要があります。

　2年以上の介護福祉士養成施設に入学したのなら、まず学校の就職課などに相談するとよいでしょう。学校によって異なりますが、たいていは親切に相談に乗って就職を斡旋してくれるはずです。入学前に、就職の相談にどの程度乗ってもらえるのか、先輩の就職率はどの程度かを確認してから学校選びをするのも大切です。

　学校の紹介を受けるときでも、単にはり出された求人票を見るのではなく、何度も足を運んで担当職員に顔を覚えてもらうなど、積極的に行動するのが成功のひけつです。また、すぐに決まりそうにないときは、学校だけに頼らずに、ほかの手段も試みましょう。

●福祉人材センターやハローワークを利用する

　介護の仕事に転職して国家試験受験資格を取ることをめざすなら、自力で就職先を見つけなくてはなりません。

福祉関係の仕事を斡旋・紹介してくれる公的機関に福祉人材センターと福祉人材バンクがあります。福祉人材センターは各都道府県に存在します（145ページ参照）。福祉人材バンクは都道府県によっては都道府県内に数か所あって、地元の就職情報を紹介しています。

　福祉人材センター・バンクを利用するのであれば、まずはインターネットの「福祉のお仕事」（http://www.fukushi-work.jp/）を利用してみるといいでしょう。ここでは、全国の求人を希望職種や必要な資格で検索できます。とりあえず検索してみれば、どのような仕事があるのかを調べられます。「福祉のお仕事」に掲載されているのは、全国の福祉人材センター・バンクで受け付けた求人のうち、求人者がWeb掲載を希望したものです。求人をもれなく確認するためには、福祉人材センター・バンクに実際に出かけてみましょう。

　福祉人材センターでは、求人情報以外にも福祉の仕事に関する情報の提供や相談を行っています。ときどき大がかりな説明会を開くことがあるので、就職活動を始める前に、一度問い合わせてみるとよいでしょう。

　なお、社会福祉事業に関する求人は、すべての都道府県の福祉人材センターで扱っていますが、介護保険事業や障害者総合支援法に基づく営利事業などは、都道府県によって扱いが異なります。

　福祉に限らずすべての仕事を紹介する公的機関として、ハローワーク（公共職業安定所）があります。福祉関係の職種はわずかですが、ときには福祉人材センターにはない情報もあるので、こちらもチェックしてみるとよいでしょう。また、各都道府県には、福祉人材コーナーを設置しているハローワークがあり、たとえば東京都ではハローワーク池袋（池袋公共職業安定所）に「ハートフルワークコーナー（看護・介護・保育の仕事専門の相談コーナー）」が設置されています。

●直接施設にあたる

　自宅の近くで就職先を探すなら、その近辺の社会福祉施設や介護保険施設、居宅サービス事業者などに直接あたってみるのも一つの手です。そのような事業所の所在は、タウンページ（職業別電話帳）に掲載されているほか、都道府

【福祉人材センターとバンクの違いは？】
A　福祉人材センターは都道府県の福祉に関する求職・求人情報の中核的存在。福祉人材バンクはより狭い地域を対象に、福祉人材センターの支所のような役割を果たす。

県などで資料を作成して配布していることがあります。各都道府県や市町村に問い合わせてみましょう。

「ここにあたってみたい」という施設を見つけたら、まず電話して、求人または人事担当者に、仕事を探していることを話してみましょう。「現在求人していない」と断られてもすぐにあきらめず、「欠員ができたらでよいから」とお願いして、自分の連絡先を伝えておくとよいでしょう。可能性は低いのですが、万一欠員が生じたときに優先的に連絡してもらえることがあります。

そのほか、あちこちの知り合いに「福祉関係の就職口を探している」と声をかけておくのも大切です。あなたが熱心だとわかれば、案外周囲の人が心がけてくれるものです。家族や友人の知り合いなど、思わぬ人から就職先を紹介されるかもしれません。特にボランティア活動や福祉関係の勉強会などで知り合う人には、福祉施設の関係者や業界に知り合いの多い人もいるはずです。日ごろからそういう活動を行っておくことが、就職に役立つこともあります。

●応募の前に条件を確認

求人が見つかったら、応募する前に条件を確認しましょう。ある程度条件が合いそうならば、応募のときに調べて、最終的に決めるのでもかまいません。確認する事項は、給料、勤務時間、休日などの一般の勤務条件のほか、事業体の運営方針についてはぜひきちんと聞いておきたいものです。介護職として第一歩を踏み出すところですから、納得してやりがいを感じられる職場を選ぶためには重要です。できればパンフレットなどを見るだけではなく、直接施設を見学させてもらいましょう。

また、介護の専門家として職業能力を磨いていくためには、教育訓練の方法、研修や資格取得を応援してくれるかどうかも確認しておきたいものです。

もう一つ気になるのは、通勤手段です。変則勤務の場合、出勤や退勤が早朝や真夜中になることがあるので、通勤可能かどうか忘れずチェックしましょう。通勤距離と時間はできるだけ短いほうがよいと思われます。近くに住んでいれば、天災や事故などの緊急事態にも素早く駆けつけられますし、介護の仕事は体力を使うので、通勤で余分な体力を使うことは避けたいからです。

就職のときに確認する条件
・給料と諸手当
・勤務時間、夜勤の回数、休日などの勤務条件
・通勤手段。変則勤務のときでも、交通手段はあるか
・事業体の運営方針

●第4章
あなたはどんな働き方をしたい？

介護福祉士の働き方は、さまざまです。
どの働き方がりっぱだということはありません。
あなたはどんな働き方をしてみたいと思いますか？　チェックしてみましょう。

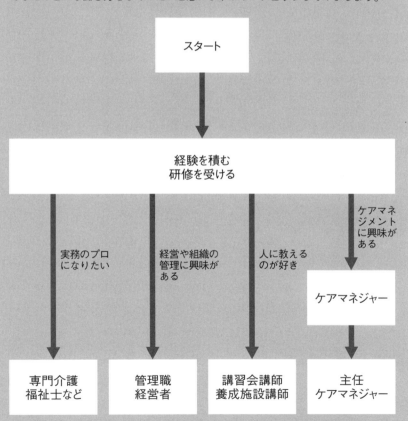

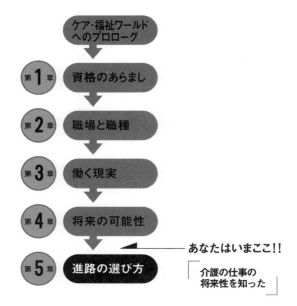

第5章
あなたに合った資格の取り方を探しましょう

実際に介護福祉士の資格を取るためには、
どうすればよいのでしょう。
ルートはいくつもあります。
まず養成施設に入学するのがよいか、実務経験を積むところ
から始めるのか。いまのあなたの状況に合わせて、
最適の道を探しましょう。

第5章 1. 自分に合ったコースを選ぶ

●**現在高校生なら、養成施設に進むのが一般的**

　介護福祉士の資格を得るには、大きく分けて次の2つの方法があります。
- 2年以上の養成施設や福祉系高校で1850時間程度の課程を履修し、国家試験に合格する
- 実務経験を3年以上積み、実務者研修を受講して、国家試験に合格する

　養成施設での勉強を主にするのか実務経験を生かすのか、自分の状況に合わせて最適の方法を選びましょう。

　現在高校生の人は、高校を卒業後、介護福祉士の養成施設に進むのが一般的なルートです。高等学校卒業者を対象にした介護福祉士の養成施設は、2年制、3年制、4年制のものがあります。介護福祉士の資格を取るだけなら2年でかまいませんが、独自のカリキュラムを加えて学習の幅を広げ、3年または4年の時間をかけてじっくり勉強する学校があるわけです。

　このような学校の中には、介護福祉士のほかに教員免許や社会福祉士国家試験受験資格など、ほかの資格が得られるものもあります。また、養成施設の多くは専門学校ですが、短大や4年制大学として認可を受けていて、卒業すると準学士（短大卒）や学士（大学卒）の資格が取れる学校もあります。

　現在中学生の人は、福祉系の高等学校へ進学する方法があります。高校の課程と合わせて介護福祉士養成施設で学ぶのと同様の課程を履修できるため、早ければ高校卒業と同時に国家試験を受験して、介護福祉士資格を得られます。ただ、介護は高齢者や障害者など、さまざまな人を相手にする仕事です。人の

高等学校卒業程度認定試験（高卒認定）
高校卒業者と同等以上の学力があるかどうかを国が検定する試験で、合格者は大学・短大・専門学校等を受験できる。また、各種国家試験や就職などに際しても、高校卒業者と同じ扱いを受けられる。

気持ちを理解して臨機応変に対応していくためには、いろいろな人生経験を積むことは、けっしてむだにはなりません。急いで資格を取ることだけを考えずに、将来のことをしっかりと見据えて進路を選択しましょう。

なお、卒業後9か月以上の実務経験を経ないと国家試験受験資格を得られない福祉系の高校もあります。志望する際には、卒業後すぐに国家試験受験資格を得られるのか、実務経験が必要なのかをよく確認しましょう。

● 途中での路線変更なら、1年制養成施設のルートも

いままでの学歴によっては、もっと短い期間の通学で済む方法もあります。

福祉系の大学で社会福祉士養成のための指定科目を履修した人や社会福祉士養成施設を卒業した人、それに保育士養成施設を卒業した人は、介護福祉士になるために必要な科目の一部を履修済みということで、1年制の介護福祉士養成施設を卒業すれば、国家試験受験資格を得られます。

この場合、同じ1年制でもこれまでの学歴によって入学できる施設が異なるので注意してください。自分が1年制の養成施設に入学可能かわからないときは、卒業した学校名や取得した単位を確認して、入学したい学校に問い合わせてみるとよいでしょう。なお、4年制大学などでは、最初から社会福祉士や保育士と介護福祉士を合わせてめざせる学校もあります。

● すでに社会人の場合には、実務経験を生かす方法も

すでに社会人で社会福祉士にも保育士にも関係がない経歴の人が国家試験の受験資格を得るには、改めて2年以上の養成施設に入る方法と、3年以上の実務経験を積んで実務者研修を受講する方法があります。

養成施設で知識や技術の基礎をしっかり習得することは、資格取得後に経験を積み専門家としての力を高めていくためにおおいに役立つことでしょう。また、学校で同じ目的を持つ仲間と出会えることも、将来にわたって大きなメリットになります。何かの事情で高校を卒業できなかった人でも、高等学校卒業程度認定試験（高卒認定）に合格すれば、介護福祉士養成施設に入学できます。介護福祉士の養成施設には比較的幅広い年代の人が入学してきますので、年齢が高くてひとりだけ浮いてしまうということは、それほどありません。事情が

2年以上の養成施設に進むメリットとデメリット

メリット
・基礎からしっかり勉強できる
・相談できる人のつながりができる
・就職の斡旋を受けられる

デメリット
・費用と時間がかかる

【大学と専門学校の違いは?】
A 大学は学問の教育と研究を行うところで、専門学校は職業や実生活に必要な能力を養成する学校。

許すなら、2年制の養成施設に通学することも検討してみましょう。夜間通学の3年制の養成施設もわずかですがあります。

ただし、介護福祉士の養成施設は必修科目や実習が多く、生活費や学費を稼ぎながら通うことは、やや困難です。養成施設に通う場合は、家族の援助を頼むかまとまった貯金を用意して、在学中の生活費や学費を準備しておいたほうがよさそうです。また、学校によっては多少の奨学金を得られる場合もあります。必要な人は、入学前にどのような制度があるのか、学校に問い合わせてみるのもよいでしょう。

●働きながら資格取得をめざす方法もある

何年も養成施設に通うことは経済的にむずかしい場合や、ともかく介護の仕事に飛び込んでみたいと考える場合は、3年以上の実務経験を積み、実務者研修を受講する方法があります。実務者研修の受講と実務経験を積む順番は問われないので、働いて実務経験を積みながら、並行して通信や夜間コースで研修を受講することは可能です。ただし、働きながら450時間におよぶ研修カリキュラムを学ぶのはかなり大変です。それなりに覚悟を決めて取り組む必要があります。

なお、資格がなくても介護の仕事をすることは法的に可能ですが、実際の就職に際しては、介護職員初任者研修の修了を求められることが増えています。初任者研修は130時間、以前のホームヘルパー2級養成研修と同様です。きちんと仕事をするためにも、できれば初任者研修は修了しておくとよいでしょう。

また、初任者研修を修了すると、実務者研修の研修時間がその分短縮されますので、働きながら実務者研修の受講を考えている場合は、仕事につく前に初任者研修を修了しておくのがおすすめです。

メモ 7

[通信教育で資格は取れない?]

answer
制度変更で、実務経験がないと今後はむずかしい

　通信教育で介護福祉士の資格を取れるという話を聞いたことがあるかもしれません。確かに以前の制度では、通信制の高等学校専攻科を卒業すれば、通学や実務経験なしで国家試験受験資格を得ることができました。実務経験で国家試験受験資格を得るには3年以上が必要ですが、通信教育なら最短2年で済むため、介護職として働きながら通信制で学ぶ人も多かったようです。

　高等学校専攻科とは、高等学校を修了したあとで特定の専門教育を深めるために設けられる課程です。高校卒業後、この専攻科で福祉系の科目を履修すると福祉系高等学校卒業と同等とみなされ、介護福祉士国家試験受験資格を得られたわけです。

　しかし、制度改正により福祉系高校のカリキュラムが大幅に増えて、通信制での履修は不可能になりました。残念ながら、最短2年での受験資格取得はできなくなったわけです。特例高校のなかに通信制の専攻科のあるところがわずかながらありますが、その場合は卒業後に9か月の実務経験を経ないと受験ができません。

　なお、実務経験者が国家試験を受験する場合に必要となる実務者研修については、通信制で受講することは可能です。

　医師、看護師など医療系の資格は、基本的に通信制での取得はできません。介護福祉士資格を取りにくくなるのは不便なことですが、それだけ資格の重みが増すといえるでしょう。

2. 学校選びのポイントは?

●自分の目的に合った養成施設を探す

　2年以上をかけて養成施設を卒業するには、時間も費用もかかります。養成施設に行くのであれば、通学先は慎重に選択しましょう。いくつかの候補を挙げて情報を集め、きちんと比較して選ぶのがいいでしょう。

　127ページからの「役立ち情報ページ」に掲載されている養成施設のリストを参考に、地域や何年制の学校かなどを考慮して、まず数校を選んでみてください。そのうえで、学校のホームページを見たりパンフレットを取り寄せるなどして、教育方針、カリキュラム、授業料、入学者選抜方法などを調べてみましょう。疑問に思う点があれば、電話やメールで問い合わせるといいでしょう。そして、ある程度候補をしぼったら、下見に行くことです。

　多くの養成施設では、オープンキャンパスや校内見学を実施しています。オープンキャンパスの日程や内容はホームページに掲載しているところも多いのでチェックしてみましょう。予約が必要な場合もあるので、早めの情報収集がお勧めです。オープンキャンパスを実施していない場合でも、直接問い合わせれば応対してもらえるはずです。

　下見のときには、施設や設備が整っているかといった点に加えて、こちらの質問に対して真剣に答えてくれるか、通っている学生の表情は明るいかなどもチェックしましょう。できれば、定員に対する常勤講師の数はゆとりがあるか、選択科目やその他のイベントが充実しているかということも、チェックしておきたいものです。また、介護福祉士養成施設は必修科目や実習が多く、一部の

大学のように週に数回登校するだけで卒業するというわけにはいきません。通学の便がよいかどうかも、大切なチェックポイントです。

さらに卒業生の就職実績や、就職のときに親身に相談に乗ってくれる制度があるかどうかは、ぜひ質問しましょう。介護福祉士は仕事をするための資格であり、養成施設に通うのは卒業後介護の仕事をするためです。卒業後に希望の職場に就職できるチャンスが大きいかどうかは、重要な問題です。

このような情報は、1か所だけ見学したのではうまく判断できないかもしれません。そのためにも数か所を見学して比較しましょう。学校の先輩などでその学校へ進んだ人がいれば、話を聞いてみるのもお勧めします。

選択にあたって、いちばん大切なのは、あなたが「この学校に行ってみたい」と感じるかどうかです。他人の意見は参考にしながら、最終的には自分で納得できる学校を選びましょう。

●**学科試験よりも、面接と小論文が中心**

入試は、多くの場合推薦と一般入試に分かれています。高校生なら推薦入試を受けられないか、高校の先生と相談してみましょう。

選抜の方法は学校によって異なりますが、福祉系の学校は、推薦・一般入試の別なく、学科試験よりも面接や小論文を重視しているところが多いようです。最低限の学力は必要ですが、介護の仕事に就くためには、何よりも適性ややる気が大切だからです。

入試にあたっては、自分が本当に介護の仕事をやりたいのだということをきちんと自覚し、人に説明できるようにしておきましょう。そのためには、福祉施設でボランティア活動をしたり、介護関係の本を読んだり、介護の仕事をしている知り合いに話を聞くなどして、将来の職場にしっかりとしたイメージを持っておくとよいでしょう。イメージがしっかりしていて介護の現場で働きたいという気持ちが強ければ、必ず試験官には伝わるはずです。

なお、介護は人を相手にする仕事ですから、面接試験では、きちんとあいさつできるかなど、社会的なマナーも評価されます。あがっても失敗しないように、だれかに面接官になってもらって練習しておくとよいでしょう。

3. 養成施設で習う内容は？

●2年制養成施設で学ぶのは4つの分野

2年以上の介護福祉士養成施設では、最低限、次のページの表のような科目を学ぶように定められています。

「人間と社会」では、専門知識への基盤となる教養と人権尊重など倫理について学びます。「介護」では、介護を行うにあたって必要な知識と技術を学びます。車いすなど福祉器具の操作方法やおむつ交換のやり方など、介護の仕事をするうえで実際に役立つ内容です。「こころとからだのしくみ」では、医師や看護師と連携したり、適切な介護を行っていくために必要な医学や心理学について学びます。「医療的ケア」は、介護職が医療的ケアを行うことが可能となって追加されたものです。たんの吸引や経管栄養について講義と演習で学びます。

●演習と実習で介護の仕事を体験

合計1850時間のうち、約3分の1が演習と実習にあてられます。演習では、講師に説明を受けたあとで学生同士で実際にやってみて練習します。また、実習ではある程度の知識と技術を身につけたあと、特別養護老人ホームや訪問介護など、実際の介護の現場に出かけて、指導を受けながら実際に仕事をして学びます。高齢者や障害者を相手とする介護では、学生相手の演習とは違い、思うようにはいかないことでしょう。長い寝たきり生活で関節が動かなくなってしまった人では、おむつ交換も簡単にはできません。しかし、「ありがとう。あなたが来てくれて楽しかったよ」などと利用者に言ってもらえたときなど、それまでにはない喜びもあるはずです。

このように授業は演習や実習が多く、かなりハードな内容です。「資格が取れそうだからとりあえず行ってみようか」といった中途半端な気持ちでは、卒業まで続かないかもしれません。実際、はじめての実習のあとにやめていく人は少なからずいます。しかし、講義も演習・実習も介護の仕事では実際に役に立つ内容が多いので、「介護の仕事をやりたい」という意志がしっかりしていれば、興味深く勉強しがいのある学生生活を過ごせるはずです。

● 1年制の養成施設や実務者研修の内容

社会福祉士養成課程を修了した人のための1年制の養成施設では、2年制養成施設に比べると、「人間と社会」の科目がなく、「介護」では介護総合演習が60時間、介護実習が270時間と少なくなっています。また、「こころとからだのしくみ」では各科目の時間数は半分になり、合計1220時間を履修します。保育士養成課程を修了した人のための1年制の養成施設では、「人間と社会」は社会の理解を15時間学ぶのみで、「介護」では介護総合演習が60時間、介護実習が210時間と少なくなっています。また、「こころとからだのしくみ」では認知症の理解が60時間で2年制と同じであるほかは、各科目の時間数は2年制の半分となり、合計1205時間を履修します。

実務経験を生かして資格を取る人のための実務者研修の内容は、「人間と社会」では人間の尊厳と自立が5時間、社会の理解が35時間と少なくなっています。「介護」では介護の基本は30時間、コミュニケーション技術は20時間、生活支援技術は50時間、介護過程は90時間と少なく、介護総合演習と介護実習はありません。「こころとからだのしくみ」では、発達と老化の理解が30時間、認知症の理解と障害の理解が30時間ずつ、こころとからだのしくみが80時間です。さらに、「医療的ケア」が50時間、合計450時間となっています。

【演習と実習の違いは?】

A 演習は教師の指導のもとに研究活動などを行うこと。ゼミナール。実習は、職場で実際に作業を行うなどして、実地学習すること。

2年制養成施設で学ぶこと

人間と社会	
人間の尊厳と自立	30時間以上
人間関係とコミュニケーション	30時間以上
社会の理解	60時間以上
上記必修科目のほか、人間と社会に関する選択科目	
小計	240時間
介護	
介護の基本	180時間
コミュニケーション技術	60時間
生活支援技術	300時間
介護過程	150時間
介護総合演習	120時間
介護実習	450時間
小計	1260時間
こころとからだのしくみ	
発達と老化の理解	60時間
認知症の理解	60時間
障害の理解	60時間
こころとからだのしくみ	120時間
小計	300時間
医療的ケア	
医療的ケア	50時間
小計	50時間
合計	1850時間

ルポ ❼
取材先◎日本福祉教育専門学校
しごと◎学生

最初はできなくて泣きそうでも「ありがとう」の一言がうれしくてだんだんできるようになる

■日によって授業時間は変わる

　月曜、朝6時半。東京の祖父の家で暮らす土切麻実さんは、目を覚まして登校の準備を開始した。朝食をとり、お弁当を詰めると、もう7時半過ぎ。祖父が起き出した気配に、「行ってきまーす」と元気よく声をかけると、バスと電車を乗り継いで学校に向かう。

　土切さんが学ぶ介護福祉学科は2年制で、1年が前期課程と後期課程に分かれている。平日は90分の授業が1日最大4時限あるが、時間割がすべて埋まっているわけではない。1年後期課程では、4時限あるのは月曜日だけで、火曜と水曜日は1時限目から3時限目までの3時限。木曜日は2、3時限目、金曜日は3、4時限目のそれぞれ2時限だけだ。朝が遅い日はゆっくり起きられる。

　8時40分ごろに学校に着き、友だちと話をしていると、9時からの授業が始まった。月曜の1時限目は「マナー演習」だ。これは介護福祉士の資格とは直接関係はないが、学校が必要と考えて組み込んだ科目の一つ。あいさつのしかたや電話対応など、社会人としての基本的なマナーを習う。内容はビジネス検定3級の試験問題が基本になっているので、その気があればビジネス検定3級を取るのにも都合がいい。ただ、時事問題などはむずかしく、土切さんは、やや苦手だ。

　「マナー演習」が終わると、10分間の休憩をはさみ、「家政学概論」の授業があ

学校法人敬心学園日本福祉教育専門学校●DATA
東京都豊島区。1984年、新宿区高田馬場に日本医療福祉専門学院として開校。86年、日本福祉教育専門学校と校名変更。現在高田馬場周辺の3校舎に、社会福祉士、精神保健福祉士、言語聴覚士など福祉・医療関連の専門家を養成する13学科を設置。パイオニアとして、福祉教育のリーダー校とよばれている。

る。一般的な家事だけではなく、介護にかかわる話もあるので興味深い。今日は、諸施設の部屋の仕組みがテーマだ。個室と6人部屋の違いについてビデオを見たあと、先生の説明を聞く。老人ホームでは、6人部屋で暮らしていても、利用者同士の会話がほとんどないという。「会話がないのなら、自分の時間がもてる個室のほうがいいなあ」などと、授業の合間に思う。

●追いかけた人

土切麻実（つちきり まみ）さん／1990年静岡県生まれ。祖母が介護を受けるのを見て、中学生ごろから介護の仕事を考えるようになる。2008年に普通科高校卒業後、日本福祉教育専門学校介護福祉学科に入学。介護福祉士資格取得をめざし奮闘中。

■介護や福祉に関する授業は、役に立ちそうなので好き

12時10分からの昼休みには、お弁当を食べたあと、友だちとおしゃべりをしたりして、自由に過ごす。

13時からは3、4時限目の2時限連続で「介護技術Ⅰ」だ。この科目は、講義と演習をまじえて、おむつ交換や入浴介助など、介護に必要な技術を学ぶ。土切さんは、福祉や介護に関する授業は、基本的に好きだ。将来、仕事で役立ちそうだと思えるので、興味がわいてくる。

最初は教室で、先生から説明を受ける。そろそろ後期課程も終わりに近づいたので、今日はこれまで個々に習ってきた項目を、一連の流れとしてつなぐ練習をするとのこと。課題は、「ひざが痛い〈田中花子さん〉がベッドに寝ている状態から、車いすで散歩に連れ出す」ことだ。声をかけ、体調を確認し、散歩に行きたいか意向を聞く。車いすを点検して、ベッドから起こし、車いすへの移乗を手伝い、必要なら上着を着てもらう。一つずつの作業はこれまで習ってきたことだが、いくつものことを連続してやるのははじめてだ。

課題の説明や注意点などを20分ほど聞いたあと、まずは教室で4人グループになって、どんな手順で何をやればいいのかを紙に書き出すことになった。「最初はやっぱり声かけでしょ。」「車いすはどうする？ 上着はいつ？」 すぐに教室中でにぎやかな話し合いが始まっ

グループワークで課題を話し合うのは楽しいが、意見をまとめるのはむずかしい。

た。クラスメートと話し合うグループワークは講義を聞くよりも楽しいが、意見をまとめるのはなかなかむずかしい。

　うまくまとまらないまま時間切れ。10分間の休憩のあと、実習室に移動して演習が始まった。先ほどの4人グループで一つのベッドを囲み、利用者役と介護者役になって、実際にやってみる。「考え込んでいないで、ともかく身体を動かしてみて」という先生の言葉に、土切さんたちもやってみるが、「手すりを持ってもらうのは、どっちの手？」などと一つずつ悩んでは、止まってしまう。それでも何とか車いすに移乗するところまで進んだと思ったら、先生に声をかけられた。「よくできたね。でも、いま立っている位置だと、もし〈田中さん〉が前に倒れたら、支えられないのでは？　車いすの後ろじゃなくて横に立ってみたらどうかな」土切さんは実際に車いすの横に立ってみた。なるほど。これなら、田中さんが前に倒れかけても、後ろに座ろうとしてよろめいても、それに応じて支えられそうだ。現場経験が豊富な先生のアドバイスには、本当に目からうろこが落ちることが多い。

　交代で練習したあと、グループごとの代表者がみんなの前で実演してみせることになった。指名されて、土切さんも介護者の役をやる。ぎこちなさはあったが、何とか〈田中さん〉を散歩に連れ出すことに成功。みんなから拍手をもらえた。今度はほかのグループの見学に回ると、「私もああすればよかった」と気がついて参考になる。グループによって手順や介護方法が少しずつ違うが、先生によれば、介護方法はたくさんあり、大切なことは「安全・安楽」で「利用者の同意を得て」支援することだという。介護には、これが正解というものはない。あとは経験して慣れていくのが大切とのこと。

■試験勉強は大変だが、友だちと協力して乗りきる

　授業は終わったが、土切さんはすぐには帰らない。学校の玄関ホールに置かれたパソコンは自由に使えるので、インターネットを見ながら友だちとわいわい遊ぶ。いまはEXILEにはまっているので、まねをしてダンスをしている。夜間のコースもあるので、学校は夜10時ごろまで開いている。学校にいれば友だちと会えるので、特に用事がなくても夕方まで学校で過ごすことが多い。

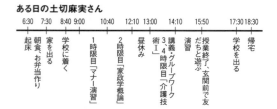

静岡から東京に来て、入学当初はだれも知り合いがいなかったが、グループワークや演習で話す機会が多いので、クラスメートとはすぐに親しくなった。11月の文化祭には、クラスでお化け屋敷をしたのが、いい思い出だ。先生もやさしくて、学校生活を思いっきりエンジョイしている。ときどき宿題が出ることはあるが、自宅学習が大変ということはない。静岡の祖父母が寂しがるので、週末には高速バスで帰省することもある。また、土切さんはしていないが、土日にアルバイトをする友だちもいる。

　ただ、7月の前期試験のときは、大変だった。科目によって、たくさんのことを覚えなければならなかったり、持ち込みはできるが下調べが必要だったりと、準備におおわらわ。それが15科目もあったので、1週間くらいは、ほとんど寝る暇もなく、朝から晩まで勉強した。友だちと助け合いながらがんばって何とか全科目合格したが、これにはこりた。1月下旬からの後期試験は、もう少し前から試験勉強を始めるつもりだ。後期は前期より科目数が少ないから、正月休み明けの、試験の2週間くらい前から勉強を始めれば、大丈夫だろう。

■「ありがとう」の一言がうれしい

　土切さんの学校では、夏休みと春休みの期間に、2年間で3回の実習がある。老人ホームなどに行って、働きながら指導を受けるのだ。実際の介護はやはり大変で、この夏にはじめて実習に行ったときには、うまくできずに泣きそうになったこともあった。でも、毎日やっているうちにだんだんと慣れてきて、最終日には「はじめての実習にしては、うまくなったね」と言ってもらえた。それに、最後に利用者の人たちから拍手で送ってもらい、「明日からあなたが来ないのは寂しいわ」と泣き出してくれた人もいたのには、感激した。

　「ありがとう」と言ってもらえると、本当にうれしい。大変なことは多いかもしれないけれど、介護はやりがいがあっていい仕事だと思う。これからもがんばって、「あなたといると元気になるよ」と言われるような、明るい介護福祉士をめざしたい。　　（取材は2008年12月）

「外へ散歩に行きましょうか」。生徒同士で利用者役と介護者役になり、介護技術を練習する。

第5章

4. 実務経験を生かして資格を取るには

●実務経験と認められる業務の範囲は細かく指定されている

　介護の仕事で3年以上の実務経験があれば、実務者研修を修了するだけで、介護福祉士国家試験を受験することができます。何年も学校に通う必要がないのは、働きながら資格をめざす人にとっては非常に助かります。ただ、介護関係ならどんな仕事でも実務経験になるというわけではありません。どのような仕事が実務経験とみなされるのかは、細かく指定されています（116ページからの表参照）。

　たとえば社会福祉施設や医療施設に勤めていても、空床時のベッドメーキングや検体の運搬など間接的な業務のみで直接介護にかかわる仕事をしていなければ、実務経験とはみなされません。施設長やサービス管理責任者など、管理運営の仕事で実際に介護を行っていない場合も認められません。

　これから就職しようとする人は、その仕事が実務経験とみなされるのか、あらかじめよく確認しましょう。また、現在の仕事が実務経験とみなされない場合には、実務経験になる職種に変えてもらうか転職するなどの対策が必要になってきます。

●「3年」の実働日数や時間にも規定あり

　実務経験3年以上とみなされるためには、実際に仕事に就いた日数や期間も問題になります。休日も含め仕事に就いた日数が1095日（3年）以上で、そのうち介護などの業務に従事した日数が540日以上である場合に、3年以上の実務経験があるとみなされます。

たとえば訪問介護の登録ヘルパーで週1日しか勤務していなければ、1095日経っても業務に従事した日数は150日程度にしかならず不足してしまいます。しかし、週に4日程度の勤務で3年間で実際に勤務した日数が540日以上であれば、実務経験とみなされます。なお1日の勤務時間には規定がないため、30分の訪問介護でも勤務日数は1日と数えられます。

実務経験はいくつかの事業所で働いたものを合算してよいので、途中で転職をしたり、何らかの事情で一時働くのを止めたりしても最初からやりなおす必要はありません。合算した従業期間と従事日数が条件に合えば大丈夫です。

なお、国家試験年度の3月31日までに条件を満たせる見込みがあれば、受験資格見込みとして受験を申し込めます。

●**実務者研修を受講する**

以前は3年以上の実務経験があればそれだけで国家試験を受験可能でしたが、2016年度国家試験からは、実務経験に加えて実務者研修を修了することも必要になります。

実務経験と実務者研修の順番は問題にされないので、実務経験を積みながら同時に研修を受講することは可能です。ただし合計450時間の課程を実務を行いながら修了するのは大変なので、余裕を持って準備しましょう。

介護福祉士国家試験の受験資格となる実務経験

児童福祉法関係の施設・事業

受験資格となる施設・事業	受験資格となる職種
知的障害児施設、自閉症児施設、知的障害児通園施設、盲児施設、ろうあ児施設、難聴幼児通園施設、肢体不自由児施設、肢体不自由児通園施設、肢体不自由児療護施設、重症心身障害児施設、重症心身障害児(者)通園事業、肢体不自由児施設または重症心身障害児施設の委託を受けた指定医療機関(国立高度専門医療センター及び独立行政法人国立病院機構の設置する医療機関であって厚生労働大臣の指定するもの)、児童発達支援、放課後等デイサービス、障害児入所施設、児童発達支援センター	保育士、介助員、看護補助者、指導員(児童発達支援、放課後等デイサービス)(下記の注意事項①②に掲げる者に限る)、児童指導員(下記の注意事項④に掲げる者に限る)など入所者の保護に直接従事する職員
保育所等訪問支援	訪問支援員

注意事項
① 「指導員」については、上表の施設・事業の配置基準などで「介護職員」が置かれている場合、実務経験にならない。
② 「指導員」については、上表の施設・事業で、業務分掌表上、介護等の業務を行うことが明記されていて「主たる業務が介護等の業務」である場合に限り、実務経験になる。
③ 前記①・②により、介護福祉士国家試験を受験した場合、その実務経験は、社会福祉士・精神保健福祉士国家試験の実務経験にならない。
④ 「児童指導員」については、上表の施設・事業で、「保育士」で採用され、その後「児童指導員」となり引き続き従前と同じ内容の業務に従事している場合に限り、実務経験になる。
⑤ 前記④により、介護福祉士国家試験を受験した場合、その実務経験は、社会福祉士・精神保健福祉士国家試験の実務経験にならない。

障害者総合支援法関係の施設・事業

受験資格となる施設・事業	受験資格となる職種
障害者デイサービス事業(2006年9月までの事業)、短期入所、障害者支援施設、療養介護、生活介護、児童デイサービス、共同生活介護(ケアホーム)、共同生活援助(グループホーム)、自立訓練、就労移行支援、就労継続支援、知的障害者援護施設(知的障害者更生施設・知的障害者授産施設・知的障害者通勤寮・知的障害者福祉工場)、身体障害者更生援護施設(身体障害者更生施設・身体障害者療護施設・身体障害者授産施設・身体障害者福祉工場)、福祉ホーム、身体障害者自立支援、日中一時支援、生活サポート、経過的デイサービス事業、訪問入浴サービス、地域活動支援センター、精神障害者社会復帰施設(精神障害者生活訓練施設・精神障害者授産施設・精神障害者福祉工場)、在宅重度障害者通所援護事業(日本身体障害者団体連合会から助成を受けている期間に限る)、知的障害者通所援護事業(全日本手をつなぐ育成会から助成を受けている期間に限る)	★保育士(児童デイサービス)、介護職員、寮母、★生活支援員、★指導員(児童デイサービス・地域活動支援センター)、★精神障害者社会復帰指導員(精神障害者社会復帰施設)、★世話人(共同生活援助)などのうち、主たる業務が介護等の業務である者(サービス管理責任者としての業務は除く) ※★印がある5職種は注意事項①、②の両方を満たした者が対象になる。
居宅介護、重度訪問介護、行動援護、同行援護、外出介護(2006年9月までの事業)、移動支援事業	訪問介護員、ホームヘルパー、ガイドヘルパーなど主たる業務が介護等の業務である者(サービス提供責任者としての業務は除く)

注意事項
① 上表の施設・事業の職員配置基準などで介護職員が置かれている場合は、上表の★印の5職種の者は実務経験の対象とはならない。
② 上表の施設・事業で、業務分掌表上介護等の業務を行うことが明記されていて主たる業務が介護等の業務である上表の★印の5職種の者が実務経験の対象になる。
③ 前記①②により、介護福祉士国家試験を受験した場合、その実務経験は、社会福祉士・精神保健福祉士国家試験の実務経験にはならない。
④ 障害者総合支援法の施設・事業を実施している場合、当該施設の適用を受ける前から同等の事業を継続的に行っている場合は、その施設・事業を開始した時点から実務経験の対象となる(非営利法人の場合は法人格取得以前の期間も対象となるが、営利法人の場合は法人格取得以前の期間は対象とならない)。

老人福祉法・介護保険法関係の施設・事業

受験資格となる施設・事業	受験資格となる職種
第1号通所事業、老人デイサービスセンター、指定通所介護（指定療養通所介護を含む）、指定地域密着型通所介護、指定介護予防通所介護、指定認知症対応型通所介護、指定介護予防認知症対応型通所介護、老人短期入所施設、指定短期入所生活介護、指定介護予防短期入所生活介護、養護老人ホーム、特別養護老人ホーム（指定介護老人福祉施設）、軽費老人ホーム、ケアハウス、有料老人ホーム、指定小規模多機能型居宅介護、指定介護予防小規模多機能型居宅介護、指定複合型サービス、指定訪問入浴介護、指定介護予防訪問入浴介護、指定認知症対応型共同生活介護、指定介護予防認知症対応型共同生活介護、介護老人保健施設、指定通所リハビリテーション、指定介護予防リハビリテーション、指定短期入所療養介護、指定介護予防短期入所療養介護、指定特定施設入居者生活介護、指定介護予防特定施設入居者生活介護、指定地域密着型特定施設入居者生活介護、サービス付き高齢者向け住宅	介護職員、介護従事者、介護従業者、介助員、支援員（養護老人ホーム）など主たる業務が介護等の業務である者
第1号訪問事業、指定訪問介護、指定介護予防訪問介護、指定夜間対応型訪問介護、指定定期巡回・随時対応型訪問介護看護	訪問介護員、ホームヘルパー（サービス提供責任者としての業務を除く）

注意事項
① 指定通所リハビリテーション以外の介護保険法の指定居宅サービス、指定介護予防サービス、指定地域密着型サービス、指定地域密着型介護予防サービス、第1号訪問事業、第1号通所事業を実施している場合、当該事業の適用を受ける前から同等の事業を継続的に行っている場合は、その事業を開始した時点から実務経験の対象となる（非営利法人の場合は法人格取得以前の期間も対象となるが、営利法人の場合は法人格取得以前の期間は対象とならない）。
② 第1号訪問事業、第1号通所事業は、旧指定介護予防訪問介護、旧指定介護予防通所介護の基準の例による基準に従って事業を実施するもので、「事業者指定」を受けているものが実務経験となる。

生活保護法関係の施設

受験資格となる施設・事業	受験資格となる職種
救護施設、更生施設	介護職員、介助員など主たる業務が介護等の業務である者

その他の社会福祉施設等

受験資格となる施設・事業	受験資格となる職種
地域福祉センター、隣保館デイサービス事業、独立行政法人国立重度知的障害者総合施設のぞみの園、ハンセン病療養所、原子爆弾被爆者養護ホーム、原子爆弾被爆者デイサービス事業、原子爆弾被爆者ショートステイ事業、労災特別介護施設	介護職員、介護員、介助員、看護補助者など主たる業務が介護等の業務である者
原爆被爆者家庭奉仕員派遣事業	原爆被爆者家庭奉仕員
家政婦紹介所（個人の家庭において介護等の業務を行う場合に限る）	家政婦

注意事項
「ハンセン病療養所」の看護補助者のうち、空床時のベッドメーキングや検体の運搬など間接的な業務のみに従事する者は対象とはならない。

病院または診療所

受験資格となる施設・事業	受験資格となる職種
病院・診療所	介護職員、看護補助者、看護助手など主たる業務が介護等の業務である者

注意事項
病院または診療所の看護補助者のうち、空床時のベッドメーキングや検体の運搬など間接的な業務のみに従事する者は対象とはならない。

介護等の便宜を供与する事業

受験資格となる施設・事業	受験資格となる職種
地方公共団体が定める条例・実施要綱等に基づく事業（学校を除く）、介護保険法の基準該当居宅・介護予防サービス（指定事業所は除く）、障害者総合支援法の基準該当障害福祉サービス（指定事業所は除く）、以下の各サービスに準ずる事業…非営利法人が実施する介護保険法の指定（基準該当）居宅、第1号訪問事業、第1号通所事業、指定（基準該当）介護予防、指定地域密着型、指定地域密着型介護予防の各サービスまたは障害福祉サービス事業	介護職員、訪問介護員など主たる業務が介護等の業務である者

注意事項
① 上記の介護保険・障害者総合支援法の基準該当以外の事業には、受験資格の対象となる条件がある（以下の条件すべてに該当する必要がある）。
事業の範囲…対象者が「高齢者」「障害児・者」である。
実施要綱・条例・定款等…「高齢者」「障害児・者」「福祉に関する…」等の記載がある。
事業目的・事業概要…介護等の業務を行うことが明記されている。
職種…業務分掌上「介護職員」「訪問介護員」等として配置され、主たる業務が介護等の業務である。
② 介護保険法・障害者総合支援法の基準該当サービスの場合、基準該当の適用を受ける前から同等の事業を継続的に行っている場合、その事業を開始した時点から実務経験の対象となる（非営利法人の場合は法人格取得以前の期間も対象となる。営利法人の場合は法人格取得以前の期間は対象とならない）。

（第29回介護福祉士国家試験『受験の手引』より、詳細については一部省略・表現を変更）

●介護福祉士国家試験の受験資格とならない職種

（1）「人員配置基準」「運営要綱」等に示された、主たる業務が介護等の業務と認められない職種
・生活相談員、支援相談員などの相談援助業務を行う職種
・もっぱら相談援助業務を行う生活支援員
・児童指導員（保育士で採用され、その後、児童指導員となり引き続き従前と同じ内容の業務に従事している者を除く）
・医師、看護師、准看護師
・理学療法士、作業療法士、言語聴覚士などの機能訓練担当職員（当該業務を補助する者を含む）
・心理指導担当職員、作業指導員、職業指導員
・事務員、介護支援専門員、調理員、栄養士、計画作成担当者、福祉用具専門相談員

（2）主たる業務が介護等の業務でないことが明確な職種
　　ただし、施設長、管理者等の代表者が介護等の業務を兼務している場合、介護等の業務に従事した期間と日数が実務経験の対象となる。

＜インタビュー3＞

国家試験に合格した人にきく

必要な介護知識は仕事の中で身につく

話をきいた人●和泉澤 佑さん

──大学を卒業後、すぐには就職されなかったのですね。

　おばあちゃん孝行をしないまま祖母が亡くなってしまった後悔から、お年寄りのそばにいたいと思って福祉系大学に入りました。ところが、大学では現場の声が聞こえて来なくて魅力を感じられず、なんとか卒業はしたものの、そのまま就職する気になれなかったんです。そこでバイトでお金をためて、アメリカでホームステイをしながら福祉を体験するというプログラムに参加しました。プログラム自体は、月に4、5回ボランティアに行くくらいでしたが、いろいろな人に出会って刺激を受けて、自分は福祉に向いていないわけではない、またやってみようという気になって戻ってきました。

──帰国後、就職してどうでしたか。

　最初は非常勤だったのですが、仕事としてやるのならどんなことでもやろうと思って真剣に取り組みました。施設の側も、やるべきことはやってもらうという雰囲気だったので教わることが多く、また、教わったことがすぐに仕事に生きることが新鮮でした。やりがいがあって楽しかったですね。「明日のためのノート」というのを作って、先輩がやったことを見て「あ、これはよかったな」と思うことは逐一書き留めて参考にする、といったこともやりました。

──まず社会福祉士を受験されましたね。

　大学を卒業して受験資格は得たのですが、迷いがあって受験していなかった

のです。この仕事をやっていくなら資格はあったほうがいいと思って、まず社会福祉士を受験しました。試験勉強は、過去問題集1冊に集中して繰り返しやりました。国家試験の問題は、正誤問題で、5つの選択肢から1つ選ぶ形式です。間違っている選択肢については、どこが間違っているのかを徹底的に確認する。正しい選択肢の内容は全部覚える。問題集1冊だけでも、そういう形で勉強していくと情報量は膨大になります。正答だけではなくほかの選択肢の内容も覚えていったので、繰り返しているうちにどういうことがポイントなのかがわかってきました。また、過去に出題されたことのあるポイントは重要なので、似たような問題はよく出るんです。単にテキストを読むよりも、ツボを押さえた勉強ができるので、過去問題に取り組んだのはよかったと思います。

それから、仕事をしながらではあまり時間はとれなかったので、勉強は直前1か月で集中的にやりました。仕事が終わったあとで、夜の11時とか12時まで、毎日3、4時間はやりましたね。

── **それで社会福祉士に合格して、翌年は介護福祉士ですね。**

ちょうど実務経験が3年になって受験資格を得ることができたので受けました。筆記はやはり過去問題重視でやりましたが、社会福祉士に比べれば、介護福祉士の勉強は断然楽でした。というのは、受験に必要な介護の知識は、仕事をする中ですでに身についていたんです。介護概論は一度おさらいしましたが、介護技術は現場でやっていればできたし、医学一般も比較的経験が生きました。働きながらいろいろ教わっていたわけで、職場には感謝しています。

── **実技についてはいかがでしたか。**

職場の勉強会で、模擬試験を何度もやらせてもらったのが役に立ちました。実技対策は、本を読んで頭で考えているよりも、実際に練習をすることが大切だと思います。また、職場の大先輩に、試験ではどこを見られるのかを教えてもらえたのは、よかったと思います。実技試験のときのモデルには、動いてくれる人もいれば、動いてくれない人もいます。実際の仕事ではどちらの場合もあるわけですから、基本技術とともに応用が効くかを見られるわけです。いろいろな場合を体験しておくことで、落ち着いて試験にのぞめると思いますよ。

（取材は2008年12月）

いずみさわ ゆうさん
文京大塚高齢者在宅サービスセンター・介護職員。1976年千葉県生まれ。2001年東洋大学社会福祉学部卒業。02年から現在の職場で働く。04年社会福祉士、05年介護福祉士、08年介護支援専門員資格取得。

5. 国家試験の概要

●スケジュールと試験地を確認しよう

　介護福祉士国家試験には筆記試験と実技試験があり、筆記試験に合格した人だけが実技試験を受験できます。ただし、あとで説明するように大半の人は実技試験は免除され、筆記試験の受験のみでよくなっています。

　これまでのところ、筆記試験は毎年1月終わりごろ、実技試験は3月初めごろの日曜日に実施されています。ただし、試験日などは年によって違いますので、その年の受験日は、きちんと確認するようにしてください。

　参考のため第29回国家試験（2016年度）のスケジュール（予定）を以下に示します。

- ●受験申込書の受付 2016年8月10日（水）～9月9日（金）
- ●筆記試験受験票の交付 2009年12月9日（金）発送
- ●試験日
    - 筆記試験 2017年1月29日（日）
    - 実技試験 2017年3月5日（日）
- ●合格発表 2017年3月28日（火）
- ●試験地（34か所）

　北海道★、青森県、岩手県、宮城県★、秋田県、福島県、群馬県、埼玉県、千葉県、東京都★、神奈川県、新潟県、石川県、岐阜県、静岡県、愛知県★、京都府、大阪府、兵庫県、和歌山県、鳥取県、島根県、岡山県、広島県★、香川県、愛媛県、高知県、福岡県★、長崎県、熊本県、大分県、宮崎県、鹿児

＊実技試験の免除申請をした人には、3月28日の合格発表時に筆記試験結果に基づく合否が発表される。

島県、沖縄県★

★印以外の試験地は、筆記試験のみで実技試験は行われません。

試験地はいったん申し込むと変更できないので、気をつけましょう。

● 「介護福祉士国家試験『受験の手引』」を取り寄せて申し込む

　受験を申し込むには、まず（財）社会福祉振興・試験センターに申し込み（問い合わせ先は144ページ参照）、「介護福祉士国家試験『受験の手引』」を取り寄せましょう。受験資格や試験スケジュールなどの問い合わせも、社会福祉振興・試験センターで受け付けています。

　受験申込書の受付期間は、ここ数年は8月初めから9月初めです。各種の証明書など必要な書類を整えて郵送するのに何日かかかるので、余裕を持って早めに準備しましょう。

　参考までに、以下に第29回国家試験（2016年度）の受験手続きに必要な書類を示します。

● 受験申込書
● 振替払込受付証明書貼付用紙（1万3140円の収納印のある証明書をはり付け）
● 受験用写真等確認票（顔写真をはり付けたもの）
● 受験資格区分により以下の書類のいずれか

　(1) 実務経験（見込）証明書（同一期間に複数の事業所に所属している場合は従事日数内訳証明書も必要）および実務者研修修了（見込）証明書（基礎研修と喀痰吸引等研修を修了した場合はその証明書）

　(2) 卒業（見込）証明書あるいは卒業（見込）証明書・教科目および単位履修（見込）証明書（特例高校の場合は実務経験証明書も必要）

　(3) 受験資格等確定済申出書（指定回以降の介護福祉士国家試験受験票または不合格通知をはり付けるか、紛失の場合は氏名と生年月日を記載）

● 実技試験免除申請を行う場合は、「介護技術講習修了証明書」または「介護技術講習受講決定通知書」または「受験資格等確定済申出書」（第27回以降の試験で「介護技術講習修了証明書」を提出した場合）

　なお、結婚などにより受験申込書と証明書の氏名が異なる場合には、戸籍抄

本（戸籍の個人事項証明書）も必要です。

　所定の五連式払込用紙を使って払い込むと、右端の切片に収納印を押してくれます。それを「振替払込受付証明書貼付用紙」にはり付けて提出します。受験手数料は『受験の手引』料と合わせて1万3140円が必要です。

　実務経験見込証明書、卒業見込証明書、履修見込証明書、介護技術講習受講決定通知書を提出した場合は、指定の日時までにそれぞれの証明書の提出が必要です。なお、都合により介護技術講習を修了しなかった場合は、実技試験免除申請取下書を指定の日までに送付すれば、実技試験を受けられます。

　受験資格区分により、必要書類も異なりますので、『受験の手引』をよく読んで、間違いがないように書類を整えてください。

●筆記試験はマークシート式

　筆記試験はマークシート式で、選択肢の中から該当すると思うものを選んでマークします。午前と午後に分かれ、第29回試験では13科目について125問が出題されます。

　養成施設で学ぶカリキュラムの変更に伴い、試験内容も変化しますが、ただ、これまでも出題傾向は時代の要請に合わせて、年々変化してきています。介護を行ううえで重要なポイントは急には変わりません。過去の問題を参考に、養成施設で使ったテキストなどをもとに勉強するとよいでしょう。

　なお、合格点は6割程度で、問題の難易度に合わせて毎年調整されます。満点を取る必要はないので、1問や2問わからなくても気にせずに落ち着いて回答することが大切です。事前の試験勉強では、過去問題や模擬問題で7〜8割が取れるようにしておくと安心です。

●実技試験は介護技術講習受講で免除される

　2012年度からは2年以上の養成施設で所定の課程を修了、または1年制養成施設や福祉系高校で同等の課程を修了した人、それから実務経験3年以上で実務者研修など所定の課程を修了した人は、実技試験が免除されています。実技試験の受験が必要になるのは、特例の福祉系高校での卒業生で、卒業後9か月の実務経験で国家試験受験資格を得る人と、経済連携協定に基づき、海外から

日本に入国し介護福祉士の資格を取得する人だけです。これから介護福祉士資格取得をめざす人の大半は、実技試験を受ける必要はありません。

　実技試験の受験が必要な場合でも、指定された「介護技術講習」を受講すれば、実技試験は免除されます。介護技術講習は、厚生労働大臣に届け出た介護福祉士養成施設などが32時間にわたって行います。

　実技試験を受験する場合は、設定された状況に従って、試験官の前で実際にモデルに対して介助の動作を行います。モデルの反応は一様ではなく、臨機応変の対応が求められます。あわてて失敗しないためには、だれかにモデルになってもらい、何度か練習しておくとよいでしょう。

●国家試験対策講座や模擬試験を利用しよう

　国家試験の問題は、一般的には養成施設で学ぶ内容から出題されるため、試験対策には養成施設で利用したテキストを最大限に利用するといいでしょう。また、介護福祉士国家試験用のテキストや問題集は、ちょっと大きな書店に行けばたくさん並んでいます。

　しかし、ひとりでの勉強はなかなかむずかしいものです。多少費用はかかりますが、確実に合格をめざすためには、数多く開講されている国家試験対策講座などを利用するといいでしょう。重要なポイントや視点を教わると、勉強がしやすくなるはずです。また、マークシート方式の試験に慣れていない人は、ケアレスミスが心配です。試験方式に慣れるためには、模擬試験を一度受けておくのもいいでしょう。

　国家試験の受験者数は年々増加していますが、合格率はおおむね60％程度です。それほど難関ではありませんが、簡単でもありません。

　試験科目は実際の職場で仕事をするうえで、役立つ知識ばかりです。それまでは何となくやっていたことを理論的に体系づけ整理することにもなるので、試験勉強をすることは、資格を取る以外にも意味があります。しっかり準備して臨みましょう。

● 第5章
あなたはどのルートをめざす？

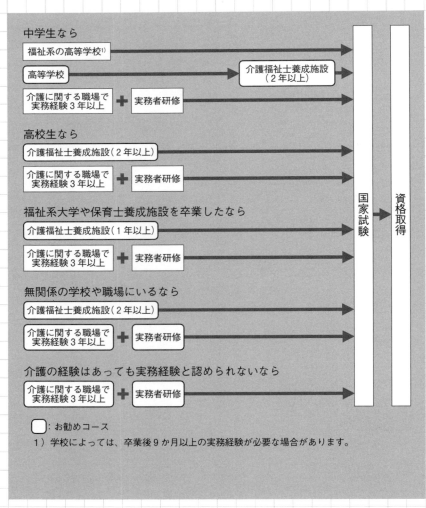

中学生なら
- 福祉系の高等学校¹⁾ → 国家試験 → 資格取得
- 高等学校 → 介護福祉士養成施設（2年以上）→ 国家試験 → 資格取得
- 介護に関する職場で実務経験3年以上 ＋ 実務者研修 → 国家試験 → 資格取得

高校生なら
- 介護福祉士養成施設（2年以上）→ 国家試験 → 資格取得
- 介護に関する職場で実務経験3年以上 ＋ 実務者研修 → 国家試験 → 資格取得

福祉系大学や保育士養成施設を卒業したなら
- 介護福祉士養成施設（1年以上）→ 国家試験 → 資格取得
- 介護に関する職場で実務経験3年以上 ＋ 実務者研修 → 国家試験 → 資格取得

無関係の学校や職場にいるなら
- 介護福祉士養成施設（2年以上）→ 国家試験 → 資格取得
- 介護に関する職場で実務経験3年以上 ＋ 実務者研修 → 国家試験 → 資格取得

介護の経験はあっても実務経験と認められないなら
- 介護に関する職場で実務経験3年以上 ＋ 実務者研修 → 国家試験 → 資格取得

☐：お勧めコース

1）学校によっては、卒業後9か月以上の実務経験が必要な場合があります。

第5章　あなたに合った資格の取り方を探しましょう

役立ち情報ページ

「介護福祉士になろう」という気持ちが強くなったら、
この情報ページを参考にして、
介護福祉士の資格取得に挑戦してみましょう。
受験資格の取れる学校のリストや、国家試験をめざすときの
問い合わせ先や情報を集めました。
介護職として就職するときに役立つ情報も載せてあります。

介護福祉士受験資格の取れる学校リスト

問い合わせ先一覧

就職先を探すリスト

介護福祉士
受験資格の取れる学校リスト

卒業すると介護福祉士国家試験の受験資格が得られる全国の学校を掲載。
1年課程の養成施設も掲載。

● 大学

都道府県	名称	所在地	TEL
北海道	北翔大学生涯スポーツ学部 健康福祉学科介護福祉士養成課程	〒069-8511 北海道江別市文京台23	(011)386-8011
	北海道医療大学看護福祉学部 臨床福祉学科介護福祉士養成コース	〒061-0293 北海道石狩郡当別町金沢1757	(0133)23-1211
岩手	岩手県立大学社会福祉学部 福祉臨床学科介護福祉士資格課程	〒020-0193 岩手県滝沢市巣子152-52	(019)694-2000
宮城	東北文化学園大学医療福祉学部 保健福祉学科生活福祉専攻	〒981-8551 宮城県仙台市青葉区国見6-45-1	(022)233-3310
	仙台大学体育学部健康福祉学科介護福祉専攻	〒989-1693 宮城県柴田郡柴田町船岡南2-2-18	(0224)55-1121
	仙台白百合女子大学人間学部心理福祉学科	〒981-3107 宮城県仙台市泉区本田町6-1	(022)374-4312
	東北福祉大学総合福祉学部 社会福祉学科社会福祉コース介護福祉士課程	〒981-8522 宮城県仙台市青葉区国見1-8-1	(022)233-3111
秋田	秋田看護福祉大学看護福祉学部福祉学科	〒017-0046 秋田県大館市清水2-3-4	(0186)45-1719
福島	郡山女子大学家政学部人間生活学科福祉コース	〒963-8503 福島県郡山市開成3-25-2	(024)932-4848
栃木	国際医療福祉大学医療福祉学部 医療福祉・マネジメント学科介護福祉コース	〒324-8501 栃木県大田原市北金丸2600-1	(0287)24-3000
群馬	東京福祉大学社会福祉学部 社会福祉学科社会福祉専攻介護福祉コース	〒372-0831 群馬県伊勢崎市山王町2020-1	(0270)20-3672
	高崎健康福祉大学健康福祉学部 社会福祉学科介護福祉コース	〒370-0033 群馬県高崎市中大類町37-1	(027)352-1290
埼玉	十文字学園女子大学人間生活学部 人間福祉学科社会福祉・介護福祉コース	〒352-8510 埼玉県新座市菅沢2-1-28	(048)477-0555
	文京学院大学人間学部人間福祉学科介護福祉コース	〒356-8533 埼玉県ふじみ野市亀久保1196	(049)261-6488
	東洋大学ライフデザイン学部 生活支援学科生活支援学専攻	〒351-8510 埼玉県朝霞市岡48-1	(048)468-6311
千葉	聖徳大学心理・福祉学部 社会福祉学科介護福祉コース	〒271-8555 千葉県松戸市岩瀬550	(047)365-1111
	東京基督教大学神学部 国際キリスト教福祉学科キリスト教福祉学専攻	〒270-1347 千葉県印西市内野3-301-5	(0476)46-1131
	城西国際大学福祉総合学部 福祉総合学科介護福祉コース	〒283-8555 千葉県東金市求名1	(0475)55-8800
東京	日本社会事業大学社会福祉学部 福祉援助学科介護福祉コース	〒204-8555 東京都清瀬市竹丘3-1-30	(042)496-3000
	大妻女子大学人間関係学部 人間福祉学科介護福祉学専攻	〒206-8540 東京都多摩市唐木田2-7-1	(042)372-9970
	目白大学人間学部人間福祉学科	〒161-8539 東京都新宿区中落合4-31-1	(03)5996-3164
	白梅学園大学子ども学部家族・地域支援学科	〒187-8570 東京都小平市小川町1-830	(042)346-5639
神奈川	田園調布学園大学人間福祉学部 社会福祉学科介護福祉専攻	〒215-8542 神奈川県川崎市麻生区東百合丘3-4-1	(044)966-9211

	学校名	住所	電話番号
	東海大学健康科学部社会福祉学科介護福祉コース	〒259-1193 神奈川県伊勢原市下糟屋143	(0463)93-1121
	神奈川県立保健福祉大学保健福祉学部 社会福祉学科介護福祉士コース	〒238-8522 神奈川県横須賀市平成町1-10-1	(046)828-2500
山梨	山梨県立大学人間福祉学部福祉コミュニティ学科	〒400-0035 山梨県甲府市飯田5-11-1	(055)224-5261
	身延山大学仏教学部福祉学科福祉学コース	〒409-2597 山梨県南巨摩郡身延町身延3567	(0556)62-0107
新潟	新潟青陵大学福祉心理学部 社会福祉学科福祉ケアコース	〒951-8121 新潟県新潟市中央区水道町1-5939	(025)266-0127
	新潟医療福祉大学社会福祉学部 社会福祉学科介護福祉コース	〒950-3198 新潟県新潟市北区島見町1398	(025)257-4455
石川	金城大学社会福祉学部社会福祉学科介護福祉コース	〒924-8511 石川県白山市笠間町1200	(076)276-4400
岐阜	中部学院大学人間福祉学部 健康福祉学科介護支援コース	〒501-3993 岐阜県関市桐ヶ丘2-1	(0575)24-2211
	東海学院大学健康福祉学部 総合福祉学科介護福祉コース	〒504-8511 岐阜県各務原市那加桐野町5-68	(058)389-2200
静岡	聖隷クリストファー大学社会福祉学部介護福祉学科	〒433-8558 静岡県浜松市北区三方原町3453	(053)439-1400
	静岡福祉大学社会福祉学部 健康福祉学科介護福祉コース	〒425-8611 静岡県焼津市本中根549-1	(054)623-7000
愛知	同朋大学社会福祉学部 社会福祉学科社会福祉専攻介護福祉コース	〒453-8540 愛知県名古屋市中村区稲葉地町7-1	(052)411-1113
	日本福祉大学健康科学部 リハビリテーション学科介護学専攻	〒475-0012 愛知県半田市東生見町26-2	(0569)20-0111
京都	花園大学社会福祉学部社会福祉学科福祉介護コース	〒604-8456 京都府京都市中京区西ノ京壺ノ内町8-1	(075)811-5181
	京都女子大学家政学部生活福祉学科	〒605-8501 京都府京都市東山区今熊野北日吉町35	(075)531-7048
大阪	羽衣国際大学人間生活学部 人間生活学科生活福祉コース	〒592-8344 大阪府堺市西区浜寺南町1-89-1	(072)265-7000
	大阪人間科学大学人間科学部 医療福祉学科介護福祉専攻	〒566-8501 大阪府摂津市正雀1-4-1	(06)6381-3000
兵庫	神戸医療福祉大学社会福祉学部 社会福祉学科介護福祉コース	〒679-2217 兵庫県神崎郡福崎町高岡1966-5	(0790)22-2620
	神戸女子大学健康福祉学部社会福祉学科	〒650-0046 兵庫県神戸市中央区港島中町4-7-2	(078)303-4811
岡山	岡山県立大学保健福祉学部 保健福祉学科社会福祉学専攻介護福祉コース	〒719-1197 岡山県総社市窪木111	(0866)94-2111
広島	広島文教女子大学人間科学部 人間福祉学科介護福祉コース	〒731-0295 広島県広島市安佐北区可部東1-2-1	(082)814-3191
	福山平成大学福祉健康学部福祉学科介護福祉コース	〒720-0001 広島県福山市御幸町上岩成正戸117-1	(084)972-5001
	広島国際大学医療福祉学部医療福祉学科	〒739-2695 広島県東広島市黒瀬学園台555-36	(0823)70-4611
山口	宇部フロンティア大学人間社会学部 福祉心理学科介護福祉コース	〒755-0805 山口県宇部市文京台2-1-1	(0836)38-0500
	徳山大学福祉情報学部人間コミュニケーション学科 社会福祉コース介護福祉専攻	〒745-8566 山口県周南市学園台	(0834)28-0411
愛媛	聖カタリナ大学人間健康福祉学部 社会福祉学科介護福祉専攻	〒799-2496 愛媛県松山市北条660	(089)993-0702
高知	高知県立大学社会福祉学部 社会福祉学科介護福祉課程コース	〒781-0111 高知県高知市池2751-1	(088)847-8700
佐賀	西九州大学健康福祉学部 社会福祉学科介護福祉コース	〒842-8585 佐賀県神埼市神埼町尾崎4490-9	(0952)52-4191
長崎	長崎純心大学人文学部現代福祉学科介護福祉コース	〒852-8558 長崎県長崎市三ツ山町235	(095)846-0084
	長崎国際大学人間社会学部 社会福祉学科介護福祉クラス	〒859-3298 長崎県佐世保市ハウステンボス町2825-7	(0956)39-2020
熊本	熊本学園大学社会福祉学部 第一部社会福祉学科介護福祉士養成課程	〒862-8680 熊本県熊本市中央区大江2-5-1	(096)364-5161

都道府県	名称	所在地	TEL
	九州看護福祉大学看護福祉学部 社会福祉学科介護福祉士コース	〒865-0062 熊本県玉名市富尾888	(0968)75-1800
宮崎	九州保健福祉大学社会福祉学部 臨床福祉学科臨床福祉専攻	〒882-8508 宮崎県延岡市吉野町1714-1	(0982)23-5555
鹿児島	鹿児島国際大学福祉社会学部 社会福祉学科介護福祉コース	〒891-0197 鹿児島県鹿児島市坂之上8-34-1	(099)261-3211

(公益社団法人日本介護福祉士養成施設協会HPをもとに作成)

● 短期大学

都道府県	名称	所在地	TEL
北海道	帯広大谷短期大学社会福祉科介護福祉専攻	〒080-0335 北海道河東郡音更町希望が丘3	(0155)42-4444
	旭川大学短期大学部生活学科生活福祉専攻	〒079-8501 北海道旭川市永山3条23-1-9	(0166)48-3121
青森	弘前医療福祉大学短期大学部 生活福祉学科介護福祉専攻	〒036-8102 青森県弘前市小比内3-18-1	(0172)27-1001
	青森明の星短期大学子ども福祉未来学科 介護福祉専攻	〒030-0961 青森県青森市浪打2-6-32	(017)741-0123
宮城	聖和学園短期大学保育福祉学科介護福祉専攻	〒981-3213 宮城県仙台市泉区南中山5-5-2	(022)376-3151
秋田	日本赤十字秋田短期大学介護福祉学科	〒010-1492 秋田県秋田市上北手猿田苗代沢17-3	(018)829-3000
山形	東北文教大学短期大学部人間福祉学科介護福祉専攻	〒990-2316 山形県山形市片谷地515	(023)688-2298
栃木	佐野短期大学総合キャリア教育学科 介護福祉フィールド	〒327-0821 栃木県佐野市高萩町1297	(0283)21-1200
	宇都宮短期大学人間福祉学科介護福祉専攻	〒321-0346 栃木県宇都宮市下荒針町長坂3829	(028)649-0511
群馬	群馬医療福祉大学短期大学部医療福祉学科	〒371-0823 群馬県前橋市川曲町191-1	(027)253-0294
埼玉	浦和大学短期大学部介護福祉科	〒336-0974 埼玉県さいたま市緑区大崎3551	(048)878-6000
千葉	植草学園短期大学福祉学科地域介護福祉専攻	〒264-0007 千葉県千葉市若葉区小倉町1639-3	(043)233-9031
東京	淑徳大学短期大学部社会福祉学科介護福祉専攻	〒174-8631 東京都板橋区前野町6-36-4	(03)3966-7631
	目白大学短期大学部生活科学科生活福祉コース	〒161-8539 東京都新宿区中落合4-31-1	(03)5996-3128
長野	松本短期大学介護福祉学科	〒399-0033 長野県松本市笹賀3118	(0263)58-4417
	飯田女子短期大学家政学科生活福祉専攻	〒395-8567 長野県飯田市松尾代田610	(0265)22-4460
	長野女子短期大学生活科学科生活福祉専攻	〒380-0803 長野県長野市三輪9-11-29	(026)241-0308
	佐久大学信州短期大学部介護福祉学科	〒385-0022 長野県佐久市岩村田2384	(0267)68-6680
新潟	新潟青陵大学短期大学部人間総合学科 介護福祉コース	〒951-8121 新潟県新潟市中央区水道町1-5939	(025)266-0127
富山	富山短期大学福祉学科	〒930-0193 富山県富山市願海寺水口444	(076)436-5182
	富山福祉短期大学社会福祉学科介護福祉専攻	〒939-0341 富山県射水市三ヶ579	(0766)55-5567
岐阜	中部学院大学短期大学部社会福祉学科	〒501-3993 岐阜県関市桐ヶ丘2-1	(0575)24-2211
静岡	静岡県立大学短期大学部社会福祉学科介護福祉専攻	〒422-8021 静岡県静岡市駿河区小鹿2-2-1	(054)202-2600
愛知	名古屋経営短期大学健康福祉学科	〒488-8711 愛知県尾張旭市新居町山の田3255-5	(0561)54-9611
三重	高田短期大学キャリア育成学科介護福祉コース	〒514-0115 三重県津市一身田豊野195	(059)232-2310
滋賀	びわこ学院大学短期大学部 ライフデザイン学科介護福祉士養成コース	〒527-8533 滋賀県東近江市布施町29	(0748)22-3388
大阪	大阪城南女子短期大学人間福祉学科	〒546-0013 大阪府大阪市東住吉区湯里6-4-26	(06)6702-9783
	四天王寺大学短期大学部 生活ナビゲーション学科ライフケア専攻	〒583-8501 大阪府羽曳野市学園前3-2-1	(072)956-9952
	大阪健康福祉短期大学介護福祉学科	〒590-0014 大阪府堺市堺区田出井町2-8	(072)226-6625

都道府県	名称	所在地	TEL
	大阪千代田短期大学総合コミュニケーション学科介護福祉コース	〒586-8501 大阪府河内長野市小山田町1685	(0721)52-4141
	四條畷学園短期大学ライフデザイン総合学科総合福祉コース	〒574-0001 大阪府大東市学園町6-45	(072)879-7231
兵庫	甲子園短期大学生活環境学科生活福祉専攻	〒663-8107 兵庫県西宮市瓦林町4-25	(0798)65-3300
	湊川短期大学人間生活学科生活福祉専攻	〒669-1342 兵庫県三田市四ツ辻1430	(079)568-1381
奈良	奈良佐保短期大学生活未来科生活福祉コース	〒630-8566 奈良県奈良市鹿野園町806	(0742)61-3858
岡山	新見公立大学地域福祉学科	〒718-8585 岡山県新見市西方1263-2	(0867)72-0634
	川崎医療短期大学医療介護福祉科	〒701-0194 岡山県倉敷市松島316	(086)464-1032
山口	山口芸術短期大学保育学科介護福祉コース	〒754-0001 山口県山口市小郡上郷1275	(083)972-2880
徳島	四国大学短期大学部生活科学科介護福祉専攻	〒771-1192 徳島県徳島市応神町古川字矢子野123-1	(088)665-1300
香川	香川短期大学生活文化学科生活介護福祉専攻ケアコース	〒769-0201 香川県綾歌郡宇多津町浜一番丁10	(0877)49-5500
愛媛	今治明徳短期大学ライフデザイン学科介護福祉コース	〒794-0073 愛媛県今治市矢田甲688	(0898)22-7279
	松山東雲短期大学生活科学科介護福祉専攻	〒790-8531 愛媛県松山市桑原3-2-1	(089)931-6211
福岡	九州大谷短期大学福祉学科	〒833-0054 福岡県筑後市蔵数495-1	(0942)53-9900
	福岡医療短期大学保健福祉学科	〒814-0193 福岡県福岡市早良区田村2-15-1	(092)801-0923
	西日本短期大学社会福祉学科	〒810-0066 福岡県福岡市中央区福浜1-3-1	(092)721-1141
佐賀	西九州大学短期大学部生活福祉学科	〒840-0806 佐賀県佐賀市神園3-18-15	(0952)31-3001
	佐賀女子短期大学健康福祉学科介護福祉専攻	〒840-8550 佐賀県佐賀市本庄町本庄1313	(0952)23-5145
長崎	長崎女子短期大学生活科学科生活福祉専攻	〒850-8512 長崎県長崎市弥生町19-1	(095)826-5344
	長崎短期大学保育学科介護福祉専攻	〒858-0925 長崎県佐世保市椎木町600	(0956)47-5566
熊本	中九州短期大学経営福祉学科介護福祉士コース	〒866-8502 熊本県八代市平山新町4438	(0965)34-7651
大分	別府溝部学園短期大学介護福祉学科	〒874-8567 大分県別府市亀川中央町	(0977)66-0224
鹿児島	鹿児島女子短期大学生活科学科生活福祉専攻	〒890-8565 鹿児島県鹿児島市高麗町6-9	(099)254-9191

（公益社団法人日本介護福祉士養成施設協会HPをもとに作成）

● 専門学校　一部高等学校を含む　＊のついている学科は3年課程　＊＊のついている学科は4年課程

都道府県	名称	所在地	TEL
北海道	せいとく介護こども福祉専門学校介護福祉科	〒064-0811 北海道札幌市中央区南11条西8-2-47	(011)512-1321
	北海道介護福祉学校介護福祉学科	〒069-1508 北海道夕張郡栗山町字湯地60	(0123)72-6060
	専門学校日本福祉学院介護福祉学科	〒062-0022 北海道札幌市豊平区月寒西2条5-1-2	(011)853-2301
	専門学校釧路ケアカレッジ介護福祉科	〒085-0814 北海道釧路市緑ヶ岡1-10-42	(0154)41-3800
	北海道福祉教育専門学校介護福祉学科	〒051-0004 北海道室蘭市母恋北町1-5-11	(0143)22-7711
	旭川福祉専門学校介護福祉科	〒071-1464 北海道上川郡東川町進化台785-22	(0166)82-3566
	札幌医学技術福祉歯科専門学校介護福祉士科	〒063-0034 北海道札幌市中央区南5条西11-1289-5	(011)513-2111
	専門学校北海道福祉大学校介護福祉学科社会福祉学科＊＊	〒060-0063 北海道札幌市中央区南3条西1丁目15	(011)272-6085
	札幌医療秘書専門学校介護福祉学科	〒060-0042 北海道札幌市中央区大通西18-1-8	(011)641-0865
	函館臨床福祉専門学校介護福祉士科社会福祉科＊	〒041-0806 北海道函館市美原1-15-1	(0138)43-1177
	釧路専門学校介護環境科	〒084-0910 北海道釧路市昭和中央2-7-3	(0154)51-3195
	オホーツク社会福祉専門学校介護福祉科	〒090-0817 北海道北見市常盤町3-14-10	(0157)24-1560

都道府県	学校名	郵便番号・住所	電話番号
	大原医療福祉専門学校介護福祉学科	〒060-0806 北海道札幌市北区北六条西8-3-2	(011)716-0294
	帯広コア専門学校介護福祉科	〒080-0021 北海道帯広市西十一条南41-3-5	(0155)48-6000
青森	東奥保育・福祉専門学院介護福祉科	〒030-0821 青森県青森市勝田2-13	(017)735-3353
	八戸社会福祉専門学校介護福祉科	〒031-0082 青森県八戸市常海町14-1	(0178)46-2774
	八戸学院光星高等学校専攻科介護福祉科	〒031-0844 青森県八戸市大字美保野13-117	(0178)25-6322
岩手	盛岡社会福祉専門学校介護福祉科	〒020-0024 岩手県盛岡市菜園2-4-19	(019)623-6173
	専修大学北上福祉教育専門学校介護福祉科	〒024-8513 岩手県北上市鍛冶町1-3-1	(0197)61-2131
	盛岡医療福祉専門学校介護福祉科	〒020-0025 岩手県盛岡市大沢川原3-5-18	(019)624-8600
	北日本医療福祉専門学校介護福祉科	〒020-0045 岩手県盛岡市盛岡駅西通2-5-15	(019)621-2106
	大原簿記情報ビジネス医療福祉専門学校盛岡校 教育・社会福祉専門課程介護福祉学科	〒020-0045 岩手県盛岡市盛岡駅西通2-21-1	(019)681-0070
宮城	仙台医療福祉専門学校介護福祉学科 保育介護福祉学科*	〒980-0021 宮城県仙台市青葉区中央4-7-20	(022)217-8877
	東北文化学園専門学校介護福祉科	〒981-8552 宮城県仙台市青葉区国見6-45-16	(022)233-8163
	仙台保健福祉専門学校介護福祉科	〒981-3206 宮城県仙台市泉区明通2-1-1	(022)378-1100
	仙台医療秘書福祉専門学校介護福祉科	〒984-0051 宮城県仙台市若林区新寺1-4-16	(022)256-5271
	東北保健医療専門学校 教育・社会福祉専門課程介護福祉科	〒980-0013 宮城県仙台市青葉区花京院1-3-1	(022)745-0001
山形	明徳福祉専門学校介護福祉科	〒990-0047 山形県山形市旅篭町3-2-14	(023)625-4475
	新庄コアカレッジ介護福祉科	〒996-0091 山形県新庄市十日町6162-11	(0233)29-2121
福島	福島介護福祉専門学校介護福祉学科	〒964-0906 福島県二本松市若宮1-125-1	(0243)22-7777
	東北医療福祉専門学校介護福祉学科	〒963-8052 福島県郡山市八山田6-33	(024)939-0039
	郡山健康科学専門学校介護福祉学科*	〒963-8834 福島県郡山市図景2-9-3	(024)936-7777
	仁愛看護福祉専門学校介護福祉科	〒969-3471 福島県会津若松市河東町広田字塩新205	(0242)76-0022
	国際メディカルテクノロジー専門学校介護福祉学科	〒963-8811 福島県郡山市方八町2-4-19	(024)956-0163
茨城	リリー保育福祉専門学校介護ふくし学科	〒310-0022 茨城県水戸市梅香2-1-44	(029)226-0206
	いばらき中央福祉専門学校介護福祉科	〒319-0323 茨城県水戸市鯉淵町2222-2	(029)259-9292
	アール医療福祉専門学校介護福祉学科	〒300-0032 茨城県土浦市湖北2-10-35	(029)824-7611
	筑波総合福祉専門学校介護福祉学科	〒305-0034 茨城県つくば市小野崎303-6	(029)860-5055
	水戸看護福祉専門学校介護福祉学科	〒310-0812 茨城県水戸市浜田2-16-12	(029)221-8800
	大原医療福祉専門学校水戸校介護福祉学科	〒310-0015 茨城県水戸市宮町1-9-18	(029)232-8038
栃木	栃木介護福祉士専門学校介護福祉科	〒320-0061 栃木県宇都宮市宝木町2-988-5	(028)652-5070
	中央福祉医療専門学校介護福祉科	〒323-0812 栃木県小山市土塔字東谷234-2	(0285)28-2941
	マロニエ医療福祉専門学校介護福祉学科	〒328-0027 栃木県栃木市今泉町2-6-22	(0282)28-0030
	国際介護福祉専門学校介護福祉学科	〒320-0811 栃木県宇都宮市大通り1-2-5	(028)622-8199
	大原簿記情報ビジネス医療福祉専門学校宇都宮校 介護福祉学科	〒321-0953 栃木県宇都宮市東宿郷2-5-4	(028)637-9100
群馬	大泉保育福祉専門学校福祉科	〒370-0525 群馬県邑楽郡大泉町日の出56-2	(0276)62-5806
	前橋医療福祉専門学校介護福祉科	〒371-0006 群馬県前橋市石関町122-8	(027)269-1600
	群馬パース大学福祉専門学校介護福祉科	〒377-0702 群馬県吾妻郡高山村中山6859-351	(0279)63-3470
	専門学校高崎福祉医療カレッジ介護福祉科	〒370-0045 群馬県高崎市東町28-1	(027)386-2323
	大原簿記情報ビジネス医療福祉保育専門学校 介護福祉科	〒370-0846 群馬県高崎市下和田町5-3-16	(027)325-1280
埼玉	東洋医療専門学校介護福祉科	〒342-0041 埼玉県吉川市保1-21-7	(048)984-4701
	秋草学園福祉教育専門学校介護福祉科	〒359-0021 埼玉県所沢市東所沢1-11-11	(042)946-1121
	大川学園医療福祉専門学校介護福祉学科	〒357-0016 埼玉県飯能市下加治345	(042)974-8880
	埼玉福祉専門学校介護福祉士科	〒330-0845 埼玉県さいたま市大宮区仲町3-88-2	(048)649-2331

	学校名	住所	電話番号
	関東福祉専門学校介護福祉科	〒365-0032　埼玉県鴻巣市中央23-10	(048)542-3000
	大原医療秘書福祉専門学校大宮校介護福祉学科	〒330-0802　埼玉県さいたま市大宮区宮町2-61-1	(048)631-1577
	かんな福祉専門学校介護福祉科	〒367-0232　埼玉県児玉郡神川町大字新里2779-5	(0495)74-1294
千葉	大原医療秘書福祉専門学校千葉校介護福祉科	〒260-0045　千葉県千葉市中央区弁天1-16-15	(043)290-0008
	松山学園松山福祉専門学校介護福祉科	〒270-2223　千葉県松戸市秋山71	(047)392-2211
	江戸川大学総合福祉専門学校介護福祉科	〒270-0198　千葉県流山市駒木474	(04)7155-2691
	成田国際福祉専門学校介護福祉士科	〒286-0014　千葉県成田市郷部583-1	(0476)26-1511
	専門学校新国際福祉カレッジ介護福祉学科	〒284-0022　千葉県四街道市山梨1316-1	(043)432-2797
	中央介護福祉専門学校介護福祉科	〒263-0023　千葉県千葉市稲毛区緑町1-5-17	(043)242-0201
	京葉介護福祉専門学校介護福祉科	〒260-0834　千葉県千葉市中央区今井2-13-1	(043)262-7077
東京	首都医校介護福祉学科(昼間部)	〒160-0023　東京都新宿区西新宿1-7-3	(03)3346-3000
	東京福祉保育専門学校介護福祉士学科	〒170-8434　東京都豊島区東池袋4-23-4	(03)3987-5611
	日本福祉教育専門学校介護福祉学科　　　　　　　ソーシャル・ケア学科**	〒171-0033　東京都豊島区高田3-6-15	(03)3982-2511
	彰栄保育福祉専門学校介護福祉科	〒112-0001　東京都文京区白山4-14-15	(03)3941-2613
	町田福祉保育専門学校介護福祉学科　　総合福祉学科	〒194-0021　東京都町田市中町2-10-21	(042)722-0313
	東京福祉専門学校介護福祉士養成科　　介護福祉士科*	〒134-0087　東京都江戸川区清新町2-7-20	(03)3804-1517
	東京心理音楽療法福祉専門学校介護福祉学科	〒171-0031　東京都豊島区目白5-20-24	(03)5996-2511
	上智社会福祉専門学校介護福祉士科	〒102-8554　東京都千代田区紀尾井町7-1	(03)3238-3021
	東京医療秘書福祉専門学校介護福祉科	〒113-0033　東京都文京区本郷3-23-16	(03)3814-9221
	品川介護福祉専門学校介護福祉学科	〒141-0033　東京都品川区西品川1-28-3	(03)5498-6364
	東京YMCA医療福祉専門学校介護福祉科	〒186-0003　東京都国立市富士見台2-35-11	(042)577-5521
	世田谷福祉専門学校介護福祉学科	〒156-0055　東京都世田谷区船橋7-19-17	(03)3483-4107
	東京豊島IT医療福祉専門学校介護福祉学科	〒171-0022　東京都豊島区南池袋2-8-9	(03)3984-6220
	東京国際福祉専門学校介護福祉科	〒160-0022　東京都新宿区新宿1-11-7	(03)3352-9280
	早稲田速記医療福祉専門学校介護福祉科	〒171-8543　東京都豊島区高田3-11-17	(03)3208-8461
	日商簿記三鷹福祉専門学校介護福祉学科	〒181-0013　東京都三鷹市下連雀4-19-11	(0422)44-6121
	アルファ医療福祉専門学校介護福祉士科	〒194-0022　東京都町田市森野2-15-13	(042)729-1026
	読売理工医療福祉専門学校介護福祉科	〒108-0014　東京都港区芝5-26-16	(03)3455-0221
	千住介護福祉専門学校介護福祉学科	〒120-0036　東京都足立区千住仲町14-4	(03)5244-6825
	大原医療秘書福祉保育専門学校介護福祉学科	〒101-0051　東京都千代田区神田神保町2-10-33	(03)3234-5856
	東京未来大学福祉保育専門学校介護福祉科	〒120-0005　東京都足立区綾瀬2-30-6	(03)5629-3780
神奈川	横浜国際福祉専門学校介護福祉学科Ⅰ部	〒227-0053　神奈川県横浜市青葉区さつきが丘8-80	(045)972-3294
	湘南福祉専門学校介護福祉科	〒224-0805　神奈川県横浜市戸塚区川上町84-1	(045)820-1329
	YMCA健康福祉専門学校介護福祉科	〒243-0018　神奈川県厚木市中町4-16-19	(046)223-1441
	神奈川社会福祉専門学校介護福祉科	〒254-0046　神奈川県平塚市立野町1-10	(0463)30-3231
	YMCA福祉専門学校介護福祉科	〒214-0014　神奈川県川崎市多摩区登戸3032-2	(044)932-2015
	大原医療秘書福祉専門学校横浜校介護福祉学科	〒221-0832　神奈川県横浜市神奈川区桐畑3-7	(045)311-6824
山梨	帝京福祉専門学校介護福祉科	〒405-0018　山梨県山梨市上神内川36-1	(0553)22-6776
	優和福祉専門学校介護福祉科	〒409-3853　山梨県中巨摩郡昭和町築地新居374-1	(055)268-6001
長野	長野社会福祉専門学校介護福祉科	〒380-0903　長野県長野市鶴賀28	(026)223-2940
	松本医療福祉専門学校介護福祉学科	〒390-0841　長野県松本市渚2-8-4	(0263)29-1200

	上田福祉敬愛学院介護福祉学科	〒386-0027	長野県上田市常磐城2256-1	(0268)27-8341
	信州医療福祉専門学校介護福祉学科	〒380-0816	長野県長野市三輪1313	(026)233-0555
	信州介護福祉専門学校介護福祉学科昼間課程	〒399-0733	長野県塩尻市大門71番町4-24	(0263)87-0015
	大原簿記情報ビジネス医療福祉専門学校松本校 介護福祉学科	〒390-0814	長野県松本市本庄1-1-5	(0263)50-6717
新潟	長岡介護福祉専門学校あゆみ介護福祉科	〒940-0034	新潟県長岡市福住1-7-21	(0258)31-2622
	北陸福祉保育専門学校介護福祉学科	〒940-0034	新潟県長岡市福住1-5-25	(0258)32-0288
	長岡看護福祉専門学校介護福祉学科	〒940-2137	新潟県長岡市上富岡町1961-21	(0258)46-7711
	国際こども・福祉カレッジ介護福祉学科 介護福祉こども学科*	〒951-8063	新潟県新潟市中央区古町通2-547	(025)229-6555
	上越保健医療専門学校介護福祉科	〒943-0834	新潟県上越市西城町1-12-17	(025)522-7475
	日本こども福祉専門学校介護社会福祉学科*	〒950-2121	新潟県新潟市西区槙尾1425	(025)261-0383
	新潟医療福祉カレッジ介護福祉科	〒950-0911	新潟県新潟市中央区笹口2-9-41	(025)242-3133
	専門学校長岡こども福祉カレッジ介護福祉科	〒940-0064	新潟県長岡市殿町1-1-32	(0258)37-2058
	伝統文化と環境福祉の専門学校介護福祉学科	〒952-1209	新潟県佐渡市千種丙202-1	(0259)61-1122
	長岡こども・医療・介護専門学校介護福祉科	〒940-0047	新潟県長岡市弓町1-8-34	(0258)35-1600
富山	富山医療福祉専門学校介護福祉学科	〒936-0023	富山県滑川市柳原149-9	(076)476-1000
	北陸ビジネス福祉専門学校介護福祉学科	〒939-8083	富山県富山市西中野本町1-6	(076)491-0705
石川	金沢福祉専門学校介護福祉学科	〒921-8164	石川県金沢市久安3-430	(076)242-1625
	専門学校アリス学園介護福祉学科	〒921-8176	石川県金沢市円光寺本町8-50	(076)280-1001
	国際医療福祉専門学校七尾校介護福祉学科	〒926-0816	石川県七尾市藤橋町西部1	(0767)54-0177
	大原医療福祉・製菓＆スポーツ専門学校 介護福祉学科	〒920-0031	石川県金沢市広岡1-1-15	(076)221-5757
福井	福井県医療福祉専門学校こども・介護学科	〒910-0803	福井県福井市高木中央3-2018	(0776)52-5530
	若狭医療福祉専門学校介護福祉科	〒919-1146	福井県三方郡美浜町大藪7-24-2	(0770)32-1000
	大原スポーツ医療保育専門学校介護福祉科	〒910-0005	福井県福井市大手2-9-1	(0776)21-0001
岐阜	サンビレッジ国際医療福祉専門学校介護福祉学科	〒503-2413	岐阜県揖斐郡池田町白鳥104	(0585)45-2220
	あじさい看護福祉専門学校介護福祉学科	〒505-0022	岐阜県美濃加茂市川合町4-6-8	(0574)28-2131
静岡	東海福祉専門学校介護福祉科	〒438-0821	静岡県磐田市立野2008-5	(0538)37-1100
	東部福祉情報専門学校介護福祉学科	〒410-0055	静岡県沼津市高島本町12-22	(055)926-1010
	静岡福祉医療専門学校介護福祉学科 総合福祉学科*	〒422-8061	静岡県静岡市駿河区森下町4-25	(054)280-0173
	浜松医療福祉専門学校介護福祉学科	〒430-0939	静岡県浜松市中区連尺町309-11	(053)413-2008
	大原介護福祉専門学校沼津校介護福祉科	〒410-0801	静岡県沼津市大手町5-5-11	(055)954-5511
愛知	日本福祉大学中央福祉専門学校介護福祉士科	〒460-0012	愛知県名古屋市中区千代田3-27-11	(052)339-0200
	愛知総合看護福祉専門学校介護福祉学科	〒480-1148	愛知県長久手市根嶽1216	(0561)63-7676
	慈恵福祉保育専門学校介護福祉学科	〒444-0931	愛知県岡崎市大和町中切1-9	(0564)32-8811
	名古屋福祉専門学校介護福祉科	〒460-0002	愛知県名古屋市中区丸の内1-3-25	(052)211-2231
	田原市立田原福祉専門学校介護福祉学科	〒441-3421	愛知県田原市田原町中小路11-1	(0531)22-3939
	中部福祉保育医療専門学校介護福祉学科	〒442-0811	愛知県豊川市馬場町上石畑61	(0533)83-4000
	保育・介護・ビジネス名古屋専門学校介護福祉学科	〒460-0002	愛知県名古屋市中区丸の内2-6-4	(052)222-5631
	名古屋秘書福祉専門学校介護福祉学科	〒451-0045	愛知県名古屋市西区名駅2-18-17	(052)561-1148
	あいち福祉医療専門学校介護福祉学科	〒456-0002	愛知県名古屋市熱田区金山町1-7-13	(052)678-8101
	名古屋医専介護福祉学科	〒450-0002	愛知県名古屋市中村区名駅4-27-1	(052)582-3000
	ナゴノ福祉歯科医療専門学校介護福祉科	〒461-0001	愛知県名古屋市東区泉1-17-17	(052)951-0121
三重	四日市福祉専門学校介護福祉学科	〒512-1111	三重県四日市市山田町5491	(059)328-2906

	学校名	〒・住所	電話番号
	鈴鹿オフィスワーク医療福祉専門学校介護福祉科	〒513-0826 三重県鈴鹿市住吉2-24-9	(0593)70-0311
	三重介護福祉専門学校介護福祉士科	〒514-0007 三重県津市大谷町240	(059)226-3131
	ユマニテク医療福祉大学校介護福祉学科	〒510-0854 三重県四日市市塩浜本町2-34	(059)349-6033
	さわやか福祉専門学校介護福祉科	〒515-0014 三重県松坂市若葉町80-5	(0598)50-3455
滋賀	華頂社会福祉専門学校介護福祉科	〒520-2144 滋賀県大津市大萱6-4-10	(077)544-5171
京都	京都保育福祉専門学院介護福祉科	〒615-8156 京都府京都市西京区樫原百々ケ池3	(075)391-6411
	京都福祉専門学校介護福祉科	〒611-0042 京都府宇治市小倉町春日森25	(0774)21-7088
	京都医療福祉専門学校福祉メディカル科	〒612-8414 京都府京都市伏見区竹田段川原町207	(075)644-1000
	京都YMCA国際福祉専門学校介護福祉学科	〒604-8083 京都府京都市中京区三条通柳馬場東入中之町2	(075)255-3287
	舞鶴YMCA国際福祉専門学校介護福祉学科	〒625-0036 京都府舞鶴市浜1546-3	(0773)64-3686
大阪	大阪コミュニティワーカー専門学校コミュニティケア科第Ⅰ部	〒532-0028 大阪府大阪市淀川区十三元今里1-1-52	(06)6309-3232
	箕面学園福祉保育専門学校介護福祉科	〒562-0001 大阪府箕面市箕面7-7-31	(072)723-6590
	南海福祉専門学校介護福祉科 総合福祉科	〒592-0005 大阪府高石市千代田6-12-53	(072)262-1094
	関西社会福祉専門学校介護福祉科	〒545-0037 大阪府大阪市阿倍野区帝塚山1-2-27	(06)6624-2518
	大阪医療秘書福祉専門学校介護福祉科	〒532-0011 大阪府大阪市淀川区西中島3-4-10	(06)6300-5767
	近畿社会福祉専門学校介護福祉科	〒570-0087 大阪府守口市梅町9-3	(06)6992-1111
	大阪社会福祉専門学校介護福祉科	〒597-0083 大阪府貝塚市海塚375	(072)433-0415
	北大阪福祉専門学校介護福祉学科	〒534-0024 大阪府大阪市都島区東野田町4-2-7	(06)6351-2097
	鴻池社会福祉専門学校介護福祉学科	〒578-0976 大阪府東大阪市西鴻池1-2-25	(06)6745-1353
	大阪保健福祉専門学校介護福祉科 介護福祉科(夜間)*	〒532-0003 大阪府大阪市淀川区宮原1-2-47	(06)6396-2941
	大阪医専介護福祉学科	〒531-0076 大阪府大阪市北区大淀中1-10-3	(06)6452-0110
	大阪国際福祉専門学校介護福祉科	〒543-0075 大阪府大阪市天王寺区夕陽丘町3-10	(06)6771-4188
	大原医療福祉製薬専門学校梅田校介護福祉学科	〒530-0051 大阪府大阪市北区太融寺町2-14	(06)6130-7416
	高津ライフ・ケア専門学校介護福祉科	〒542-0073 大阪府大阪市中央区日本橋2-1-15	(06)6633-7480
	大阪総合福祉専門学校総合福祉学科*	〒531-0074 大阪府大阪市北区本庄東1-8-19	(06)4802-2400
兵庫	関西保育福祉専門学校介護福祉科	〒660-0881 兵庫県尼崎市昭和通1-20-1	(06)6401-9891
	姫路福祉保育専門学校介護福祉学科	〒670-0972 兵庫県姫路市手柄1-22	(079)281-0555
	神戸医療福祉専門学校中央校介護福祉士科	〒650-0015 兵庫県神戸市中央区多聞通2-6-3	(078)362-1294
	ハーベスト医療福祉専門学校介護福祉学科	〒670-0962 兵庫県姫路市南駅前町91-6	(079)224-1777
	神戸リハビリテーション福祉専門学校介護福祉科	〒650-0026 兵庫県神戸市中央区古湊通1-2-2	(078)361-2888
	大原医療福祉&スポーツ保育専門学校姫路校介護福祉学科	〒670-0902 兵庫県姫路市白銀町61	(079)284-2700
奈良	関西学研医療福祉学院介護福祉学科	〒631-0805 奈良県奈良市右京1-1-5	(0742)72-0600
和歌山	和歌山YMCA国際福祉専門学校介護福祉士学科	〒640-8323 和歌山県和歌山市太田1-12-13	(073)473-3338
	和歌山社会福祉専門学校介護福祉科	〒643-0051 和歌山県有田郡広川町下津木1105	(0737)67-2270
鳥取	YMCA米子医療福祉専門学校介護福祉科	〒683-0825 鳥取県米子市錦海町3-3-2	(0859)35-3181
	鳥取社会福祉専門学校介護福祉科	〒689-0222 鳥取県鳥取市気高町日光969-1	(0857)82-3776
島根	六日市医療技術専門学校介護福祉科	〒698-5521 島根県鹿足郡吉賀町真田1120	(0856)78-1232
	島根総合福祉専門学校介護福祉士科	〒692-0404 島根県安来市広瀬町広瀬753-15	(0854)32-4196
	トリニティカレッジ出雲医療福祉専門学校介護福祉学科	〒693-0037 島根県出雲市西新町3-23-1	(0853)22-9110

	学校名	〒	住所	電話
	山陰中央専門大学校介護福祉士学科	〒690-0001	島根県松江市東朝日町75-12	(0852)31-5500
岡山	旭川荘厚生専門学院介護福祉学科	〒704-8126	岡山県岡山市東区西大寺浜610	(086)944-6911
	岡山医療福祉専門学校介護福祉科	〒703-8275	岡山県岡山市中区門田屋敷3-5-18	(086)271-6001
	玉野総合医療専門学校介護福祉学科	〒706-0002	岡山県玉野市築港1-1-20	(0863)31-6830
	くらしき総合福祉専門学校介護福祉科	〒712-8012	岡山県倉敷市連島1-3-27	(086)444-8181
	順正高等看護福祉専門学校介護福祉学科	〒716-8508	岡山県高梁市伊賀町8	(0866)22-8065
広島	広島福祉専門学校介護福祉科 介護保育科*	〒736-0041	広島県安芸郡海田町大正町2-27	(082)823-0110
	専門学校西広島福祉学院介護福祉科	〒731-3166	広島県広島市安佐南区大塚東3-6-1	(082)848-8451
	IGL医療福祉専門学校介護福祉学科	〒731-3398	広島県広島市安佐南区伴東1-12-18	(082)849-5001
	福山福祉専門学校介護福祉学科	〒720-0072	広島県福山市吉津町12-27	(084)922-3691
	専門学校福祉リソースカレッジ広島介護福祉士科	〒735-0007	広島県安芸郡府中町石井城1-10-15	(082)288-8804
	ヒューマンウェルフェア広島専門学校介護福祉学科	〒732-0068	広島県広島市東区牛田新町3-15-38	(082)224-2240
	トリニティカレッジ広島医療福祉専門学校 介護福祉学科	〒730-0014	広島県広島市中区上幟町8-18	(082)223-1164
	広島医療保健専門学校保育介護福祉学科*	〒731-3166	広島県広島市安佐南区大塚東3-2-1	(082)849-6883
	IWAD環境福祉専門学校 人間総合福祉学科介護福祉士コース	〒732-0816	広島県広島市南区比治山本町14-22	(082)254-9000
	尾道福祉専門学校介護福祉科	〒722-0042	広島県尾道市久保町1760-1 尾道ふくしむら	(0848)37-2222
山口	YIC看護福祉専門学校介護福祉学科	〒747-0802	山口県防府市中央町1-8	(0835)26-1122
	下関福祉専門学校介護福祉学科	〒750-1144	山口県下関市小月茶屋3-4-26	(083)283-0294
	岩国YMCA国際医療福祉専門学校介護福祉学科	〒740-0018	山口県岩国市麻里布町2-6-25	(0827)29-2233
徳島	徳島健祥会福祉専門学校介護福祉学科	〒779-3105	徳島県徳島市国府町東高輪天満347-1	(088)642-9666
香川	さぬき福祉専門学校介護福祉学科	〒763-0085	香川県丸亀市飯野町東分2700	(0877)21-8500
	四国医療福祉専門学校介護福祉学科	〒761-8064	香川県高松市上之町2-12-30	(087)867-7676
	専門学校穴吹パティシエ福祉カレッジ介護福祉学科	〒760-0021	香川県高松市西の丸町14-10	(087)823-5566
	四国学院大学専門学校福祉学科	〒767-0011	香川県三豊市高瀬町下勝間2351-2	(0875)72-5192
	守里会看護福祉専門学校介護福祉学科	〒761-8012	香川県高松市香西本町17-9	(087)813-3359
愛媛	河原医療福祉専門学校介護福祉科	〒790-0014	愛媛県松山市柳井町3-3-13	(089)946-3388
	四国中央医療福祉総合学院介護福祉学科	〒799-0422	愛媛県四国中央市中之庄町1684-10	(0896)24-1000
高知	高知福祉専門学校介護福祉科	〒780-0833	高知県高知市南はりまや町2-16-6	(088)884-8484
	平成福祉専門学校介護福祉学科	〒780-8087	高知県高知市針木北1-14-30	(088)840-6111
福岡	福岡介護福祉専門学校介護福祉科	〒819-0015	福岡県福岡市西区愛宕4-2-28	(092)882-7004
	北九州保育福祉専門学校介護福祉科	〒800-0343	福岡県京都郡苅田町上片島1575	(0930)23-3213
	平岡介護福祉専門学校介護福祉学科	〒838-0115	福岡県小郡市大保1433	(0942)73-5566
	専門学校麻生医療福祉＆観光カレッジ介護福祉科	〒804-0092	福岡県北九州市戸畑区小芝3-3-1	(093)882-0011
	麻生医療福祉専門学校福岡校介護福祉科 ソーシャルワーカー科*	〒812-0016	福岡県福岡市博多区博多駅南2-12-29	(092)415-2288
	福岡医療秘書福祉専門学校介護福祉科	〒812-0013	福岡県福岡市博多区博多駅東1-16-22	(092)481-3354
	大川看護福祉専門学校介護福祉学科	〒831-0016	福岡県大川市酒見391-5	(0944)88-3433
	大原保育医療福祉専門学校介護福祉学科	〒812-0026	福岡県福岡市博多区上川端町13-19	(092)271-2942

都道府県	名称	所在地	TEL
長崎	長崎福祉専門学校社会福祉専門課程介護福祉士科	〒854-0022 長崎県諫早市幸町52-7	(0957)23-7783
	長崎情報ビジネス専門学校介護福祉科	〒850-0035 長崎県長崎市元船町2-1	(095)823-1199
	こころ医療福祉専門学校介護福祉科	〒850-0048 長崎県長崎市上銭座町11-8	(095)846-5561
熊本	熊本YMCA学院老人ケア科	〒860-8739 熊本県熊本市中央区新町1-3-8	(096)353-6393
	熊本社会福祉専門学校介護福祉科	〒862-0949 熊本県熊本市国府2-6-16	(096)362-7707
	九州中央リハビリテーション学院介護福祉学科	〒860-0821 熊本県熊本市本山3-3-84	(096)322-2200
大分	智泉福祉製菓専門学校介護福祉学科	〒870-0889 大分県大分市荏隈字中島1135	(097)549-4551
	大分介護福祉士専門学校介護福祉士科	〒870-8658 大分県大分市勢家字芦崎1104-2	(097)535-0201
	大原医療介護福祉専門学校大分校介護福祉学科	〒870-0839 大分県大分市金池南1-2-24	(097)574-6568
宮崎	宮崎医療管理専門学校介護福祉科	〒889-1701 宮崎県宮崎市田野町甲1556-1	(0985)86-2271
	宮崎福祉医療カレッジ介護福祉学科	〒887-0013 宮崎県日南市木山2-4-50	(0987)21-1510
	都城コアカレッジ介護福祉科	〒885-0006 宮崎県都城市吉尾町77-8	(0986)38-4811
	宮崎保健福祉専門学校介護福祉学科	〒889-1601 宮崎県宮崎市清武町木原5706	(0985)85-8551
鹿児島	鹿児島医療福祉専門学校介護福祉学科	〒890-0034 鹿児島県鹿児島市田上8-21-3	(099)281-9956
	鹿児島医療技術専門学校介護福祉科	〒891-0113 鹿児島県鹿児島市東谷山3-31-27	(099)260-4151
	奄美看護福祉専門学校こども・かいご福祉学科*	〒894-0771 鹿児島県奄美市名瀬小湊338-2	(0997)54-9111
	タラ美容福祉専門学校介護福祉士科	〒890-0055 鹿児島県鹿児島市荒田町6-1	(099)813-0022
沖縄	沖縄福祉保育専門学校ヒューマン介護福祉科	〒900-0033 沖縄県那覇市久米1-5-17	(098)868-5796
	沖縄リハビリテーション福祉学院介護福祉学科	〒901-1301 沖縄県島尻郡与那原町字板良敷1380-1	(098)946-1000
	沖縄アカデミー専門学校介護福祉学科	〒901-0201 沖縄県豊見城市字真玉橋387-1	(098)850-0101
	ソーシャルワーク専門学校介護・社会福祉学科*	〒901-2304 沖縄県中頭郡北中城村屋宜原212-1	(098)933-8788

(公益社団法人日本介護福祉士養成施設協会HPをもとに作成)

● 1年課程の養成施設

都道府県	名称	所在地	TEL
北海道	函館大谷短期大学専攻科福祉専攻	〒041-0852 北海道函館市鍛治1-2-3	(0138)51-1786
	専門学校北海道福祉大学校介護福祉学科	〒060-0063 北海道札幌市中央区南3条西1丁目15	(011)272-6085
	旭川大学短期大学部専攻科福祉専攻	〒079-8501 北海道旭川市永山3条23-1-9	(0166)48-3121
	釧路専門学校介護専攻科	〒084-0910 北海道釧路市昭和中央2-7-3	(0154)51-3195
	國學院大學北海道短期大学部専攻科福祉専攻	〒073-0014 北海道滝川市文京町3-1-1	(0125)23-4111
青森	青森中央短期大学専攻科福祉専攻	〒030-0132 青森県青森市横内神田12	(017)728-0121
	弘前厚生学院介護福祉科	〒036-8185 青森県弘前市御幸町8-10	(0172)33-2102
山形	羽陽学園短期大学専攻科福祉専攻	〒994-0065 山形県天童市清池1559	(023)655-2385
福島	いわき短期大学幼児教育科専攻科福祉専攻	〒970-8568 福島県いわき市平鎌田字寿金沢37	(0246)25-9185
	福島学院大学短期大学部専攻科福祉専攻第一部	〒960-0181 福島県福島市宮代乳児池1-1	(024)553-3221
群馬	群馬社会福祉専門学校介護福祉専攻科	〒371-0846 群馬県前橋市元総社町152	(027)253-0345
千葉	植草学園短期大学専攻科介護福祉専攻	〒264-0007 千葉県千葉市若葉区小倉町1639-3	(043)233-9031
東京	彰栄保育福祉専門学校介護福祉専攻科	〒112-0001 東京都文京区白山4-14-15	(03)3941-2613
	道灌山学園保育福祉専門学校介護福祉士専攻科	〒116-0013 東京都荒川区西日暮里4-7-15	(03)3828-8478
	貞静学園短期大学専攻科介護福祉専攻	〒112-8630 東京都文京区小日向1-26-13	(03)3944-9811
	愛国学園保育専門学校介護福祉士専攻科	〒133-8585 東京都江戸川区西小岩5-7-1	(03)3658-4111
神奈川	聖ケ丘教育福祉専門学校介護福祉士専攻科	〒240-0067 神奈川県横浜市保土ヶ谷区常盤台66-18	(045)335-2312

都道府県	名称	所在地	TEL
	鶴見大学短期大学部専攻科福祉専攻	〒230-8501 神奈川県横浜市鶴見区鶴見2-1-3	(045)580-8215
	和泉短期大学専攻科介護福祉専攻	〒252-5222 神奈川県相模原市中央区青葉2-2-1	(042)754-1133
長野	松本短期大学専攻科福祉専攻	〒399-0033 長野県松本市笹賀3118	(0263)58-4417
	長野県福祉大学校介護福祉学科	〒392-0007 長野県諏訪市清水2-2-15	(0266)52-1459
石川	金城大学短期大学部専攻科福祉専攻	〒924-8511 石川県白山市笠間町1200	(076)276-4411
岐阜	中部学院大学短期大学部専攻科福祉専攻	〒501-3993 岐阜県関市桐ヶ丘2-1	(0575)24-2211
愛知	名古屋柳城短期大学専攻科介護福祉専攻	〒466-0034 愛知県名古屋市昭和区明月町2-54	(052)841-2635
	豊橋創造大学短期大学部専攻科福祉専攻	〒440-8512 愛知県豊橋市牛川町字松下20-1	(050)2017-2101
大阪	大阪教育福祉専門学校専攻科福祉専攻	〒544-0023 大阪府大阪市生野区林寺2-21-13	(06)6719-0001
	大阪城南女子短期大学専攻科介護福祉専攻	〒546-0013 大阪府大阪市東住吉区湯里6-4-26	(06)6702-9783
奈良	奈良佐保短期大学専攻科福祉専攻	〒630-8566 奈良県奈良市鹿野園町806	(0742)61-3858
鳥取	鳥取短期大学専攻科福祉専攻	〒682-8555 鳥取県倉吉市福庭854	(0858)26-1811
岡山	中国短期大学専攻科介護福祉専攻	〒701-0197 岡山県岡山市北区庭瀬83	(086)293-1100
	美作大学短期大学部専攻科福祉専攻	〒708-8511 岡山県津山市北園町50	(0868)22-7718
香川	香川短期大学専攻科福祉専攻	〒769-0201 香川県綾歌郡宇多津町浜一番丁10	(0877)49-5500
福岡	九州大谷短期大学専攻科福祉専攻	〒833-0054 福岡県筑後市蔵数495-1	(0942)53-9900
	東筑紫短期大学保育学科専攻科介護福祉専攻	〒803-8511 福岡県北九州市小倉北区下到津5-1-1	(093)561-2136
	精華女子短期大学専攻科保育福祉専攻	〒812-0886 福岡県福岡市博多区南八幡町2-12-1	(092)591-6331
佐賀	西九州大学短期大学部専攻科福祉専攻	〒840-0806 佐賀県佐賀市神園3-18-15	(0952)31-3001
大分	別府大学短期大学部専攻科福祉専攻	〒874-8501 大分県別府市北石垣82	(097)767-0101
宮崎	宮崎医療管理専門学校専攻科福祉専攻科	〒889-1701 宮崎県宮崎市田野町甲1556-1	(0985)86-2271
	宮崎学園短期大学専攻科福祉専攻	〒889-1605 宮崎県宮崎郡清武町加納丙1415	(0985)85-0146

(公益社団法人日本介護福祉士養成施設協会HPをもとに作成)

● 福祉系高等学校　＊のついている学科は2年課程　＊＊のついている学科は4年課程

都道府県	名称	所在地	TEL
北海道	函館大妻高等学校福祉科	〒040-0002 北海道函館市柳町14番23号	(0138)52-1890
	北海道剣淵高等学校生活福祉系列	〒098-0338 北海道上川郡剣淵町仲町22番1号	(0165)34-2549
	江陵高等学校福祉科	〒089-0571 北海道中川郡幕別町依田101-1	(0155)56-5105
	北海道留寿都高等学校農業福祉科農業福祉コース＊＊	〒048-1731 北海道虻田郡留寿都村字留寿都179番地1	(0136)46-3376
	北海道置戸高等学校福祉科	〒099-1112 北海道常呂郡置戸町字置戸256番地の8	(0157)52-3263
青森	東奥学園高等学校福祉科	〒030-0821 青森県青森市勝田1-22-1	(017)775-2121
岩手	岩手女子高等学校福祉教養科	〒020-0025 岩手県盛岡市大沢川原1-5-34	(019)623-6467
宮城	明成高等学校介護福祉科・介護福祉士養成コース	〒981-8570 宮城県仙台市青葉区川平2-26-1	(022)278-6131
	宮城県立桜高等学校総合学科福祉教養系列	〒989-5502 宮城県栗原市若柳字川南戸ノ西184	(0228)35-1818
	宮城県登米総合産業高等学校	〒987-0602 宮城県登米市中田町上沼字北桜場223-1	(022)211-3625
秋田	秋田県立六郷高等学校福祉科	〒019-1404 秋田県仙北郡美郷町六郷字馬場52	(0187)84-1280
	秋田県立湯沢翔北高等学校専攻科介護福祉科	〒012-0823 秋田県湯沢市湯ノ原2-1-1	(018)860-5166
山形	山形県立山辺高等学校福祉科	〒990-0301 山形県東村山郡山辺町大字山辺3028	(023)664-5462

	山形県立鶴岡中央高等学校総合学科社会福祉系列	〒997-0017 山形県鶴岡市大宝寺字日本国410	(0235)25-5724
茨城	茨城県立古河第二高等学校福祉科	〒306-0024 茨城県古河市幸町19-18	(0280)32-0444
	茨城県立高萩清松高等学校 総合学科福祉・生活科学系列	〒318-0001 茨城県高萩市赤浜1864	(0293)23-4121
栃木	栃木県立佐野松桜高等学校社会福祉科	〒327-0312 栃木県佐野市栃本町300-1	(0283)25-1313
	栃木県立真岡北陵高等学校教養福祉科	〒321-4415 栃木県真岡市下篭谷396	(0285)82-3415
	栃木県立矢板高等学校社会福祉科	〒329-2332 栃木県塩谷郡塩谷町大宮2579-1	(0287)45-1100
群馬	群馬県立伊勢崎興陽高等学校総合学科 福祉と人間を学ぶ系列（介護福祉士養成課程）	〒372-0045 群馬県伊勢崎市上泉町212番地	(0270)25-3266
	群馬県立吾妻高等学校福祉科	〒377-0801 群馬県吾妻郡東吾妻町大字原町192	(0279)68-2334
埼玉	埼玉県立誠和福祉高等学校福祉科	〒348-0024 埼玉県羽生市大字神戸706番地	(048)561-6651
千葉	千葉県立松戸向陽高等学校福祉教養科	〒271-0095 千葉県松戸市秋山682	(047)391-4361
東京	東京都立野津田高等学校福祉科	〒195-0063 東京都町田市野津田町2001番地	(042)734-2311
神奈川	川崎市立川崎高等学校福祉科	〒210-0806 神奈川県川崎市川崎区中島3-3-1	(044)244-4981
	神奈川県立津久井高等学校福祉科	〒220-0209 神奈川県相模原市津久井町三ヶ木272-1	(042)784-1053
長野	エクセラン高等学校福祉科	〒390-0221 長野県松本市里山辺4202	(0263)32-3701
	創造学園高等学校環境福祉科	〒390-0847 長野県松本市笹部2-1-6	(0263)25-4113
富山	富山県立南砺福野高等学校福祉科	〒939-1521 富山県南砺市苗島443	(0763)22-2014
石川	石川県立田鶴浜高等学校健康福祉科	〒929-2122 石川県七尾市上野ヶ丘町59	(0767)68-3116
福井	福井県立奥越明成高等学校生活福祉科福祉コース	〒912-0016 福井県大野市友江9-10	(0779)66-4610
岐阜	岐阜県立大垣桜高等学校福祉科	〒503-0103 岐阜県大垣市墨俣町上宿465-1	(0584)62-6131
	岐阜県立坂下高等学校福祉科	〒509-9232 岐阜県中津川市坂下624-1	(0573)75-2163
	岐阜県立岐阜各務野高等学校 福祉科ケアワーカーフィールド	〒509-0141 岐阜県各務原市鵜沼各務原町8-7-2	(058)370-4001
静岡	浜松修学舎高等学校福祉科	〒430-0851 静岡県浜松市中区向宿2-20-1	(053)461-7356
	知徳高等学校福祉科・介護福祉コース	〒411-0944 静岡県駿東郡長泉町竹原354	(055)975-0080
	静岡女子高等学校福祉科	〒422-8076 静岡県静岡市駿河区八幡3-6-1	(054)285-2274
	静岡県立富士宮東高等学校福祉科	〒418-0022 静岡県富士宮市小泉1234	(0544)26-4177
	静岡県立磐田北高等学校福祉科	〒438-0086 静岡県磐田市見付2031-2	(0538)32-2181
	静岡県立清流館高等学校福祉科	〒421-0206 静岡県焼津市上新田292-1	(054)622-3411
愛知	愛知県立高浜高等学校福祉科	〒444-1311 愛知県高浜市本郷町1-6-1	(0566)52-2100
	愛知県立古知野高等学校福祉科	〒483-8331 愛知県江南市古知野町高瀬1	(0587)56-2508
	愛知県立宝陵高等学校福祉科	〒441-1205 愛知県豊川市大木町鑓水445	(0533)93-2041
	愛知県立海翔高等学校福祉科	〒490-1401 愛知県弥富市六条町大崎22	(0567)52-3061
	名古屋市立西陵高等学校 総合学科介護福祉系列介護福祉士コース	〒451-0066 愛知県名古屋市西区児玉2-20-65	(052)521-5551
三重	三重県立明野高等学校福祉科介護福祉士コース	〒519-0501 三重県伊勢崎市小俣町明野1481	(0596)37-4125
	三重県立伊賀白鳳高等学校 ヒューマンサービス科介護福祉コース	〒518-0537 三重県伊賀市緑ヶ丘西町2270-1	(0595)21-2111
	三重県立朝明高等学校普通科福祉コース	〒512-1304 三重県四日市市中野町2216	(059)339-0212
	三重県立みえ夢学園高等学校 総合学科社会福祉系列**	〒514-0803 三重県津市柳山津興1239	(059)226-6317
滋賀	滋賀県立長浜北星高等学校総合学科	〒526-0033 滋賀県長浜市地福寺町3-72	(0749)62-0896
	綾羽高等学校介護福祉科	〒525-0051 滋賀県草津市西渋川一丁目18番1号	(077)563-3435
京都	京都府立京都八幡高等学校介護福祉科	〒614-8236 京都府八幡市内里柿谷16-1	(075)982-5666
大阪	大阪市立淀商業高等学校福祉ボランティア科	〒555-0024 大阪府大阪市西淀川区野里3丁目3番15号	(06)6474-2221

県	学校名	〒・住所	電話
	昇陽高等学校福祉科福祉コース	〒554-0011 大阪府大阪市此花区朝日一丁目1番9号	(06)6461-0091
兵庫	兵庫県立龍野北高等学校総合福祉科・介護福祉類型	〒679-4316 兵庫県たつの市新宮町芝田125-2	(0791)75-2900
	兵庫県立日高高等学校福祉科	〒669-5302 兵庫県豊岡市日高町岩中1番地	(0796)42-1133
	兵庫大学附属須磨ノ浦高等学校 普通科介護福祉コース	〒654-0052 兵庫県神戸市須磨区行幸町2丁目7番地3号	(078)735-7111
奈良	奈良県立榛生昇陽高等学校福祉科	〒633-0241 奈良県宇陀市榛原区下井足210番地	(0745)82-0525
和歌山	和歌山県立有田中央高等学校総合学科福祉系列	〒643-0021 和歌山県有田郡有田川町大字下津野459	(0737)52-4340
鳥取	鳥取県立境港総合技術高等学校 福祉学科福祉科介護コース	〒684-0043 鳥取県境港市竹内町925	(0859)45-0411
島根	益田永島学園明誠高等学校福祉科	〒698-0006 島根県益田市三宅町7-37	(0856)22-1052
岡山	岡山県立倉敷中央高等学校福祉科	〒710-0845 岡山県倉敷市西富井1384	(086)465-2559
	岡山県美作高等学校普通科介護福祉コース	〒708-0004 岡山県津山市山北500	(0868)22-4838
広島	広島県立黒瀬高等学校福祉科	〒739-2622 広島県東広島市黒瀬町乃美尾1番地	(0823)82-2525
山口	山口県立周防大島高等学校・専攻科福祉科*	〒742-2301 山口県大島郡周防大島町大字久賀4851-2	(0820)72-0024
	中村女子高等学校福祉科福祉コース	〒753-8530 山口県山口市駅通り1-1-1	(083)922-0418
	聖光高等学校普通科福祉コース	〒743-0011 山口県光市光井9-22-1	(0833)72-1187
徳島	徳島県立小松島西高等学校福祉科	〒773-0015 徳島県小松島市中田町原の下28の1	(08853)2-0129
香川	香川県立高松南高等学校福祉科	〒761-8084 香川県高松市一宮町531番地	(087)885-1131
愛媛	松山城南高等学校福祉科	〒790-8550 愛媛県松山市北久米町815	(089)976-4343
	愛媛県立川之石高等学校総合学科福祉サービス系列	〒796-0201 愛媛県八幡浜市保内町川之石1-112	(0894)36-0550
福岡	福岡県立久留米筑水高等学校社会福祉科	〒839-0817 福岡県久留米市山川町1493番地	(0942)43-0461
	折尾愛真高等学校普通科福祉コース	〒807-0861 福岡県北九州市八幡西区堀川町12番10号	(093)602-2100
	啓知高等学校介護福祉科	〒800-0037 福岡県北九州市門司区原町別院15番3号	(093)381-7466
	杉森高等学校福祉科	〒832-0046 福岡県柳川市奥州町3番地	(0944)72-5216
	慶成高等学校福祉科	〒803-0854 福岡県北九州市小倉北区皿山町15-1	(093)561-1331
	福智高等学校総合福祉科	〒825-0002 福岡県田川市大字伊田3934	(0947)42-4711
	大和青藍高等学校介護福祉科	〒822-0025 福岡県直方市日吉町10-12	(0949)22-0533
	飯塚高等学校介護福祉科介護福祉コース	〒820-0003 福岡県飯塚市立岩1224	(0948)22-6571
	美萩野女子高等学校普通科介護福祉コース	〒802-0062 福岡県北九州市小倉北区片野新町1-3-1	(093)921-1331
佐賀	佐賀県立嬉野高等学校総合学科社会福祉系	〒843-0301 佐賀県嬉野市嬉野町大字下宿甲700番地	(0954)43-0107
	佐賀県立神埼清明高等学校総合学科生活福祉系列	〒842-0012 佐賀県神埼市神埼町横武2番地	(0952)52-3191
	北陵高等学校生活文化科	〒849-0921 佐賀県佐賀市高木瀬西3-7-11	(0952)30-8676
長崎	長崎玉成高等学校福祉科	〒850-0822 長崎県長崎市愛宕1丁目29番41号	(095)826-6322
	向陽高等学校福祉科	〒856-0825 長崎県大村市西三城町16番地	(0957)53-1110
	長崎県立大村城南高等学校総合学科福祉・生活系列	〒856-0835 長崎県大村市久原1丁目416番地	(0957)54-3121
熊本	城北高等学校社会福祉科	〒861-0598 熊本県山鹿市志々岐798	(0968)44-8111
	熊本県立芦北高等学校社会福祉科	〒869-5431 熊本県葦北郡芦北町二千屋20-2	(0966)82-2034
	有明高等学校福祉科	〒864-0032 熊本県荒尾市増永2200	(0968)63-0545
	熊本県立阿蘇中央高等学校社会福祉科	〒869-2612 熊本県阿蘇市一の宮町宮地4131	(0967)22-0045

	名称	所在地	TEL
	菊池女子高等学校社会福祉科	〒861-1331 熊本県菊池市隈府1081	(0968)25-3032
	熊本県立上天草高等学校福祉科	〒869-3603 熊本県上天草市大矢野町中5284	(0964)56-0007
大分	大分東明高等学校商業科商業・介護福祉コース	〒870-8658 大分県大分市千代町2丁目4番4号	(097)535-0201
	昭和学園高等学校福祉科	〒877-0082 大分県日田市日ノ出町14番地	(0973)23-8737
	大分県立大分南高等学校福祉科	〒870-1113 大分県大分市大字中判田2373-1	(097)597-6001
	大分県立佐伯豊南高等学校福祉科	〒876-0012 大分県佐伯市鶴望2851-1	(0972)23-1228
宮崎	宮崎県立日南振徳高等学校福祉科	〒889-2532 宮崎県日南市大字板敷410	(0987)25-1107
	宮崎県立妻高等学校福祉科	〒881-0003 宮崎県西都市大字右松2330番地	(0983)43-0005
	宮崎県立門川高等学校 総合学科ヒューマン系列介護福祉コース	〒889-0611 宮崎県東臼杵郡門川町大字門川尾松2680番地	(0982)63-1336
	都城高等学校介護科介護福祉コース	〒885-8502 宮崎県都城市蓑原町7916	(0986)23-2477
	日章学園高等学校福祉科	〒880-0125 宮崎県宮崎市大字広原836	(0985)39-1321
	宮崎県立小林秀峰高等学校福祉科	〒886-0002 宮崎県小林市大字水流迫664番地の2	(0984)23-2252
鹿児島	尚志館高等学校医療福祉科	〒899-7104 鹿児島県志布志市志布志町安楽6200	(099)472-1318
	鳳凰高等学校総合福祉科	〒897-1121 鹿児島県南さつま市加世田唐仁原1202番地	(0993)53-3633
	龍桜高等学校医療福祉科	〒899-5241 鹿児島県姶良郡加治木町木田5348番地ノ1	(0995)63-3001
	鹿児島県立薩摩中央高等学校福祉科	〒895-1811 鹿児島県薩摩郡さつま町虎居1900番地	(0996)53-1207
	鹿児島県立加世田常潤高等学校 生活福祉科福祉コース	〒897-0002 鹿児島県南さつま市加世田武田14863番地	(0993)53-3600
	鹿児島県立開陽高等学校福祉科	〒891-0198 鹿児島県鹿児島市西谷山1-2-1	(099)263-3733
	出水中央高等学校医療福祉科	〒899-0213 鹿児島県出水市西出水町448番地	(0996)62-0500
	鹿児島情報高等学校医療福祉科	〒891-0141 鹿児島県鹿児島市谷山中央2-4118	(099)268-3101
	鹿児島城西高等学校社会福祉科	〒899-2593 鹿児島県日置市伊集院町清藤1938	(099)273-1234
沖縄	沖縄県立真和志高等学校普通科介護福祉コース	〒902-0072 沖縄県那覇市真地248	(098)833-0810

●特例福祉系高等学校　卒業後9か月以上の実務経験が必要　＊のついている学科は2年課程

都道府県	名称	所在地	TEL
青森	青森県立七戸高等学校総合学科福祉健康系列	〒039-2516 青森県上北郡七戸町字舘野47-31	(0176)62-4111
岩手	岩手県立一戸高等学校総合学科看護・福祉系列	〒028-5312 岩手県二戸郡一戸町一戸字蒔前60-1	(0195)33-3042
	岩手県立久慈東高等学校総合学科看護福祉系列	〒028-0021 岩手県久慈市門前36-10	(0194)53-4489
	岩手県立一関第二高等学校総合学科看護福祉系列	〒021-0041 岩手県一関市赤荻字野中23-1	(0191)25-2241
茨城	第一学院高等学校高萩校社会福祉専攻科＊	〒318-0001 茨城県高萩市赤浜2086-1	0120-145-666
	茨城県立江戸崎総合高等学校社会福祉系列	〒300-0504 茨城県稲敷市江戸崎甲476番地2	(029)892-2103
東京	東海大学付属望星高等学校通信制課程普通科 （技能連携　中川学園広島生活福祉専門学校）	〒151-0063 東京都渋谷区富ヶ谷2-10-1	(03)3467-8111
京都	京都府立久美浜高等学校総合学科福祉系列	〒629-3444 京都府京丹後市久美浜町橋爪65番地	(0772)82-0069
兵庫	第一学院高等学校養父校社会福祉専攻＊	〒667-1102 兵庫県養父市大谷13	(079)663-5100
岡山	倉敷市立倉敷翔南高等学校総合学科生活福祉系列	〒711-0937 岡山県倉敷市児島稲田160	(086)473-4240
広島	広島県立世羅高等学校生活福祉科：福祉類型	〒722-1112 広島県世羅郡世羅町本郷870	(0847)22-1118
徳島	徳島県立鳴門渦潮高等学校総合学科生活福祉系列	〒772-0003 徳島県鳴門市撫養町南浜字馬目木58番地	(088)685-1107

香川	香川県立飯山高等学校総合学科福祉サービス系列	〒762-0083 香川県丸亀市飯山町下法軍寺664-1	(0877)98-2525
愛媛	愛媛県立北条高等学校総合学科生活福祉系列	〒799-2493 愛媛県松山市北条辻600-1	(089)993-0333
	愛媛県立新居浜南高等学校総合学科福祉サービス系列	〒792-0836 愛媛県新居浜市篠場町1-32	(0897)43-6191
沖縄	沖縄県立沖縄水産高等学校総合学科福祉サービス系列	〒901-0305 沖縄県糸満市西崎1-1-1	(098)994-3483

（文部科学省初等中等教育局高校教育改革PT児童生徒課産業教育振興室提供　2016年6月現在）

問い合わせ先一覧

地域の介護福祉士のようすを知るには日本介護福祉士会の支部連絡先へ。
国家試験についての問い合わせは社会福祉振興・試験センターへ。

●日本介護福祉士会　全国支部連絡先

都道府県	所在地	TEL
全国	〒105-0001 東京都港区虎ノ門1-22-13　西勘虎ノ門ビル3階	(03)3507-0784
北海道	〒060-0002 北海道札幌市中央区北2条西7丁目　かでる2・7　4階	(011)222-5200
青森	〒030-0822 青森県青森市中央3-20-30　県民福祉プラザ5階	(017)731-2006
岩手	〒020-0831 岩手県盛岡市三本柳8-1-3　ふれあいランド岩手　岩手県社協福祉人材研修課	(019)637-4527
宮城	〒981-0021 宮城県仙台市青葉区中央2-7-30　角川ビル405	(022)398-5767
秋田	〒019-1541 秋田県仙北郡美郷町土崎字上野乙102-30　畠山方	(090)2027-0294
山形	〒990-0021 山形県山形市小白川町2-3-31　山形県総合社会福祉センター内	(023)687-1516
福島	〒963-0108 福島県郡山市笹川1丁目184-29　クレストハイツ184　102号室	(090)7065-1740
茨城	〒310-0851 茨城県水戸市千波町1918　茨城県総合福祉会館5階	(029)353-7244
栃木	〒320-8508 栃木県宇都宮市若草1-10-6　とちぎソーシャルケアサービス共同事務所	(028)600-1725
群馬	〒371-8525 群馬県前橋市新前橋町13-12　群馬県社会福祉協議会福祉サービス支援課内	(027)255-6226
埼玉	〒330-0056 埼玉県さいたま市浦和区東仲町4-16　ベルゾーネK・M　1-D号室	(048)871-2504
千葉	〒260-0026 千葉県千葉市中央区千葉港4-3　千葉県社会福祉センター3階	(043)248-1451
東京	〒153-0003 東京都江東区猿江1-3-7　パーク・ノヴァ猿江恩賜公園102	(03)5624-2821
神奈川	〒231-0002 神奈川県横浜市中区海岸通4-23　マリンビル305	(045)319-6687
山梨	〒400-0306 山梨県南アルプス市小笠原1368-10　向山事務所2階	(055)282-7433
長野	〒380-0928 長野県長野市若里7-1-7　長野県社会福祉総合センター5階	(026)223-6670
新潟	〒950-0994 新潟県新潟市中央区上所2-2-2　新潟ユニゾンプラザ3階	(025)281-5531
富山	〒939-8084 富山県富山市西中野1-1-18　オフィス西中野1階	(076)422-2442
石川	〒920-0964 石川県金沢市本多町3-1-10　石川県社会福祉会館3階	(076)255-2572
福井	〒910-8238 福井県福井市和田2-2115　コーシンⅠ103号	(0776)63-5868
岐阜	〒501-0234 岐阜県瑞穂市内牧913-10	(058)322-3971
静岡	〒420-0856 静岡県静岡市葵区駿府町1-70　静岡県総合社会福祉会館4階	(054)254-0818
愛知	〒460-0001 愛知県名古屋市中区三の丸1-7-2　桜華会館南館	(052)202-8260
三重	〒514-0003 三重県津市桜橋2-131	(059)264-7741
滋賀	〒525-0072 滋賀県草津市笠山7丁目8番138号　滋賀県立長寿社会福祉センター内	(077)569-5133
京都	〒602-8143 京都府京都市上京区猪熊通丸太町下ル仲之町519　京都社会福祉会館2階	(075)801-8060
大阪	〒542-0012 大阪府大阪市中央区谷町7-4-15　大阪社会福祉会館内	(09)6766-3633
兵庫	〒651-0062 兵庫県神戸市中央区坂口通2-1-1　兵庫県福祉センター5階	(078)242-7011
奈良	〒634-0063 奈良県橿原市久米町567番地の2　信和ビル1階南東号室　奈良県介護福祉士会事務局	(0744)47-2415
和歌山	〒649-2332 和歌山県西牟婁郡白浜町栄977-3	(0739)33-7610
鳥取	〒689-0201 鳥取県鳥取市伏野1729-5　鳥取県立福祉人材研修センター内	(0857)59-6336
島根	〒693-0044 島根県松江市浜乃木1-22-26-1　藤原方	(0852)33-7294

岡山	〒700-0813　岡山県岡山市北区石関町2-1　岡山県総合福祉会館5階	(086)222-3125
広島	〒732-0816　広島県広島市南区比治山本町12-2　広島県社会福祉会館内	(082)254-3016
山口	〒754-0893　山口県山口市大字秋穂二島1062	(083)987-0122
徳島	〒779-3105　徳島県徳島市国府町東高輪字天満369-1　徳島健祥会福祉専門学校内	(0886)42-9666
香川	〒762-0044　香川県坂出市本町3-5-26　トマトマンション203号	(0877)46-0143
愛媛	〒790-0804　愛媛県松山市中一万町7-8	(089)987-8123
高知	〒780-8567　高知県高知市朝倉戊375-1　高知県社会福祉協議会内	(088)844-4611
福岡	〒812-0012　福岡県福岡市博多区博多駅中央街7-1　シック博多駅前ビル5階	(092)474-7015
佐賀	〒846-0002　佐賀県多久市北多久町大字小侍869	(0952)75-3292
長崎	〒852-8104　長崎県長崎市茂里町3-24　長崎県総合福祉センター県棟4階	(095)842-1237
熊本	〒862-0950　熊本県熊本市水前寺町6-41-5　千代田レジデンス県庁東504号	(096)384-7125
大分	〒870-0921　大分県大分市萩原4-8-58　大分県整骨会館3階	(097)551-6555
宮崎	〒880-0007　宮崎県宮崎市原町2-22　宮崎県総合福祉センター人材研修館内	(0985)22-3710
鹿児島	〒890-8517　鹿児島県鹿児島市鴨池新町1-7　県社会福祉センター4階	(099)206-3050
沖縄	〒903-0804　沖縄県那覇市首里石嶺町4-373-1　沖縄県総合福祉センター西棟4階	(098)887-3344

（2016年6月現在）

● 国家試験問い合わせ先

財団法人社会福祉振興・試験センター
〒150-0002　東京都渋谷区渋谷1-5-6　SEMPOSビル　TEL(03)3486-7521

就職先を探すリスト

福祉の仕事を探すときには福祉系の人材登録センターが、情報がたくさん集まっていて便利。最寄りの窓口へまずは出かけてみては。

●福祉人材センター

都道府県	所在地	TEL
中央	〒100-8980 東京都千代田区霞が関3-3-2 新霞が関ビル 全国社会福祉協議会内	(03)3581-7801
北海道	〒060-0002 北海道札幌市中央区北2条西7丁目1 かでる2・7 3階	(011)272-6662
青森	〒030-0822 青森県青森市中央3-20-30 県民福祉プラザ2階	(017)777-0012
岩手	〒020-0831 岩手県盛岡市三本柳8-1-3 ふれあいランド岩手2階	(019)637-4522
宮城	〒980-0014 宮城県仙台市青葉区本町3-7-4 宮城県社会福祉会館1階	(022)262-9777
秋田	〒010-0922 秋田県秋田市旭北栄町1-5 秋田県社会福祉会館5階	(018)864-2880
山形	〒990-0021 山形県山形市小白川町2-3-30	(023)633-7739
福島	〒960-8141 福島県福島市渡利字七社宮111 福島県総合社会福祉センター3階	(024)521-5662
茨城	〒310-0851 茨城県水戸市千波町1918 茨城県総合福祉会館2階	(029)244-3727
栃木	〒320-8508 栃木県宇都宮市若草1-10-6 とちぎ福祉プラザ3階	(028)643-5622
群馬	〒371-8525 群馬県前橋市新前橋町13-12 群馬県社会福祉総合センター6階	(027)255-6600
埼玉	〒330-8529 埼玉県さいたま市浦和区針ヶ谷4-2-65 すこやかプラザ1階	(048)833-8033
千葉	〒260-0015 千葉県千葉市中央区富士見2-3-1 塚本大千葉ビル6階	(043)441-6301
東京	〒102-0072 東京都千代田区飯田橋3-10-3 東京しごとセンター7階 〒160-0021 （介護職支援コース就職相談窓口）東京都新宿区歌舞伎町2-44-1 東京都健康プラザ「ハイジア」3階 〒190-0012 （多摩支所）東京都立川市曙町2-34-13 オリンピック第3ビル7階	(03)5211-2860 (03)5155-7804 (042)595-8422
神奈川	〒221-0835 神奈川県横浜市神奈川区鶴屋町2-24-2 かながわ県民センター13階	(045)312-4816
山梨	〒400-0005 山梨県甲府市北新1-2-12 山梨県福祉プラザ4階	(055)254-8654
長野	〒380-0928 長野県長野市若里7-1-7 長野県社会福祉総合センター4階	(026)226-7330
新潟	〒950-8575 新潟県新潟市中央区上所2-2-2 新潟ユニゾンプラザ3階	(025)281-5523
富山	〒930-0094 富山県富山市安住町5-21 富山県総合福祉会館	(076)432-6156
石川	〒920-0964 石川県金沢市本多町3-1-10 石川県社会福祉会館内	(076)234-1151
福井	〒910-8516 福井県福井市光陽2-3-22 福井県社会福祉センター1階	(0776)21-2294
岐阜	〒500-8385 岐阜県岐阜市下奈良2-2-1 岐阜県福祉・農業会館6階	(058)276-2510
静岡	〒420-0856 静岡県静岡市葵区駿府町1-70 県総合社会福祉会館シズウエル3階 〒410-0801 （東部支所）静岡県沼津市大手町1-1-3 パレット2階	(054)271-2110 (055)952-2942
愛知	〒461-0011 愛知県名古屋市東区白壁1-50 愛知県社会福祉会館5階	(052)212-5519
三重	〒514-8552 三重県津市桜橋2-131 三重県社会福祉会館内	(059)224-1082
滋賀	〒525-0032 滋賀県草津市大路1-1-1 エルティ932 3階 〒526-0036 （湖北介護・福祉人材センター）滋賀県長浜市地福寺町4-36 長浜市民交流センター1階	(077)567-3925 (0749)64-5125
京都	〒604-0874 京都府京都市中京区竹屋町烏丸東入清水町375 ハートピア京都地下1階	(075)252-6297
大阪	〒542-0065 大阪府大阪市中央区中寺1-1-54 大阪社会福祉指導センター1階	(06)6762-9020
兵庫	〒651-0062 兵庫県神戸市中央区坂口通2-1-1 兵庫県福祉センター内	(078)271-3881
奈良	〒634-0061 奈良県橿原市大久保町320-11 奈良県社会福祉総合センター3階	(0744)29-0160

和歌山	〒640-8545 和歌山県和歌山市手平2-1-2　県民交流プラザ和歌山ビッグ愛7階	(073) 435-5211
鳥取	〒689-0201 鳥取県鳥取市伏野1729-5　県立福祉人材研修センター	(0857) 59-6336
島根	〒690-0011 島根県松江市東津田町1741-3　いきいきプラザ島根2階 〒697-0016 （石見分室）島根県浜田市野原町1826-1　いわみーる2階	(0852) 32-5957 (0855) 24-9340
岡山	〒700-0807 岡山県岡山市北区南方2-13-1　きらめきプラザ1階	(086) 226-3507
広島	〒732-0816 広島県広島市南区比治山本町12-2　広島県社会福祉会館内	(082) 256-4848
山口	〒753-0072 山口県山口市大手町9-6　山口県社会福祉会館内	(083) 922-6200
徳島	〒770-0943 徳島県徳島市中昭和町1-2　徳島県立総合福祉センター3階	(088) 625-2040
香川	〒760-0017 香川県高松市番町1-10-35　香川県社会福祉総合センター4階	(087) 833-0250
愛媛	〒790-8553 愛媛県松山市持田町3-8-15　愛媛県総合社会福祉会館2階	(089) 921-5344
高知	〒780-8567 高知県高知市朝倉戊375-1　県立ふくし交流プラザ1階	(088) 844-3511
福岡	〒816-0804 福岡県春日市原町3-1-7　クローバープラザ2階	(092) 584-3310
佐賀	〒840-0021 佐賀県佐賀市鬼丸町7-18 佐賀県社会福祉会館2階	(0952) 28-3406
長崎	〒852-8555 長崎県長崎市茂里町3-24	(095) 846-8656
熊本	〒860-0842 熊本県熊本市中央区南千反畑町3-7　熊本県総合福祉センター4階	(096) 322-8077
大分	〒870-0161 大分県大分市明野東3-4-1　大分県社会福祉介護研修センター内	(097) 552-7000
宮崎	〒880-8515 宮崎県宮崎市原町2-22　宮崎県福祉総合センター内	(0985) 32-9740
鹿児島	〒890-8517 鹿児島県鹿児島市鴨池新町1-7　鹿児島県社会福祉センター内	(099) 258-7888
沖縄	〒903-8603 沖縄県那覇市首里石嶺町4-373-1　沖縄県総合福祉センター東棟3階	(098) 882-5703

（2016年1月現在）

●福祉人材バンク

都道府県	名称	所在地	TEL
北海道	函館市福祉人材バンク	〒040-0063 北海道函館市若松町33-6　函館市総合福祉センター3階	(0138) 23-8546
	旭川市福祉人材バンク	〒070-0035 北海道旭川市5条通4丁目8931-1 旭川市ときわ市民ホール1階	(0166) 23-0138
	釧路市福祉人材バンク	〒085-0011 北海道釧路市旭町12-3　釧路市総合福祉センター内3階	(0154) 24-1686
	帯広市福祉人材バンク 無料職業紹介所	〒080-0847 北海道帯広市公園東町3-9-1　帯広市グリーンプラザ内	(0155) 27-2525
	北見市福祉人材バンク	〒090-0065 北海道北見市寿町3-4-1　北見市総合福祉会館内	(0157) 22-8046
	苫小牧市福祉人材バンク	〒053-0021 北海道苫小牧市若草町3-3-8　苫小牧市民活動センター1階	(0144) 32-7111
青森	弘前福祉人材バンク	〒036-8063 青森県弘前市宮園2-8-1	(0172) 36-1830
	八戸福祉人材バンク	〒039-1166 青森県八戸市根城8-8-155 八戸市総合福祉会館1階	(0178) 47-2940
群馬	高崎市福祉人材バンク	〒370-0045 群馬県高崎市東町80-1　高崎市社会福祉協議会	(027) 324-2761
	太田市福祉人材バンク	〒373-0817 群馬県太田市飯塚町1549　太田市福祉会館1階	(0276) 48-9599
神奈川	川崎市福祉人材バンク	〒211-0053 神奈川県川崎市中原区上小田中6-22-5 川崎市総合福祉センター5階	(044) 739-8726
福井	嶺井福祉人材バンク 無料職業紹介所	〒914-0047 福井県敦賀市東洋町4-1　あいあいプラザ内	(0770) 22-3133
静岡	浜松市福祉人材バンク	〒432-8035 静岡県浜松市中区成子町140-8　浜松市福祉交流センター3階	(053) 458-9205
愛知	豊橋市福祉人材バンク	〒440-0055 愛知県豊橋市前畑町115　豊橋市総合福祉センター内	(0532) 52-1111
兵庫	姫路市福祉人材バンク	〒670-0955 兵庫県姫路市安田3-1　姫路市自治福祉会館内	(079) 284-9988
和歌山	紀南福祉人材バンク	〒646-0028 和歌山県田辺市高雄1-23-1　田辺市民総合センター内	(0739) 26-4918
広島	くれ福祉人材バンク	〒737-8517 広島県呉市本町9-21　すこやかセンターくれ別館2階	(0823) 21-5013
高知	安芸福祉人材バンク	〒784-0007 高知県安芸市寿町2-8	(0887) 34-3540
	幡多福祉人材バンク	〒787-0012 高知県四万十市右山五月町8-3	(0880) 35-5514

福岡	北九州市福祉人材バンク	〒804-0067 福岡県北九州市戸畑区汐井町1-6　ウェルとばた8階	(093)881-0901
	筑後地区福祉人材バンク	〒830-0027 福岡県久留米市長門石1-1-34 久留米市総合福祉センター内	(0942)34-3035
	筑豊地区福祉人材バンク	〒820-0011 福岡県飯塚市柏の森956-4　飯塚市社会福祉協議会内	(0948)23-2210
	京築地区福祉人材バンク	〒824-0063 福岡県行橋市中津熊501 総合福祉センターウィズゆくはし内	(0930)23-8495
長崎	佐世保福祉人材バンク	〒857-0028 長崎県佐世保市八幡町6-1	(0956)23-3174
大分	日田市福祉人材バンク	〒877-0003 大分県日田市上城内町1-8 日田市総合保健福祉センター3階	(0973)24-7590
沖縄	名護市福祉人材バンク	〒905-0014 沖縄県名護市港2-1-1　名護市民会館内福祉センター	(0980)53-4142

(2016年1月現在)

●おもなハローワーク

都道府県	名称	所在地	TEL
北海道	札幌公共職業安定所	〒064-8609 北海道札幌市中央区南十条西14丁目	(011)562-0101
青森	青森公共職業安定所	〒030-0822 青森県青森市中央2-10-10	(017)776-1561
岩手	盛岡公共職業安定所	〒020-0885 岩手県盛岡市紺屋町7-26	(019)624-8902
宮城	仙台公共職業安定所	〒983-0852 宮城県仙台市宮城野区榴岡4-2-3　仙台MTビル3～5階	(022)299-8811
秋田	秋田公共職業安定所	〒010-0065 秋田県秋田市茨島1-12-16	(018)864-4111
山形	山形公共職業安定所	〒990-0813 山形県山形市桧町2-6-13	(023)684-1521
福島	福島公共職業安定所	〒960-8589 福島県福島市狐塚17-40	(024)534-4121
茨城	水戸公共職業安定所	〒310-8509 茨城県水戸市水府町1573-1	(029)231-6221
栃木	宇都宮公共職業安定所	〒320-0845 栃木県宇都宮市明保野町1-4　宇都宮第2地方合同庁舎1階	(028)638-0369
群馬	前橋公共職業安定所	〒379-2154 群馬県前橋市天川大島町130-1	(027)290-2111
埼玉	川口公共職業安定所	〒332-0031 埼玉県川口市青木3-2-7	(048)251-2901
千葉	千葉公共職業安定所	〒261-0001 千葉県千葉市美浜区幸町1-1-3	(043)242-1181
東京	飯田橋公共職業安定所	〒112-8577 東京都文京区後楽1-9-20　飯田橋合同庁舎内1～5階	(03)3812-8609
神奈川	横浜公共職業安定所	〒231-0023 神奈川県横浜市中区山下町209帝蚕関内ビル	(045)663-8609
山梨	甲府公共職業安定所	〒400-0851 山梨県甲府市住吉1-17-5	(055)232-6060
長野	長野公共職業安定所	〒380-0935 長野県長野市中御所3-2-3	(026)228-1300
新潟	新潟公共職業安定所	〒950-8532 新潟県新潟市中央区美咲町1-2-1　新潟美咲合同庁舎2号館	(025)280-8609
富山	富山公共職業安定所	〒930-0857 富山県富山市奥田新町45	(076)431-8609
石川	金沢公共職業安定所	〒920-8609 石川県金沢市鳴和1-18-42	(076)253-3030
福井	福井公共職業安定所	〒910-8509 福井県福井市開発1-121-1	(0776)52-8150
岐阜	岐阜公共職業安定所	〒500-8719 岐阜県岐阜市五坪1-9-1　岐阜労働総合庁舎内	(058)247-3211
静岡	静岡公共職業安定所	〒422-8045 静岡県静岡市駿河区西島235-1	(054)238-8609
愛知	名古屋東公共職業安定所	〒465-8609 愛知県名古屋市名東区平和が丘1-2	(052)774-1115
三重	四日市公共職業安定所	〒510-0093 三重県四日市市本町3-95	(059)353-5566
滋賀	大津公共職業安定所	〒520-0043 滋賀県大津市中央4-6-52	(077)522-3773
京都	京都西陣公共職業安定所	〒602-8258 京都府京都市上京区大宮通中立売下ル和水町439-1	(075)451-8609
大阪	大阪東公共職業安定所	〒540-0011 大阪府大阪市中央区農人橋2-1-36　ピップビル1～3階	(06)6942-4771
兵庫	神戸公共職業安定所	〒650-0025 兵庫県神戸市中央区相生町1-3-1	(078)362-8609
奈良	奈良公共職業安定所	〒630-8113 奈良県奈良市法蓮町387　奈良第3地方合同庁舎	(0742)36-1601
和歌山	和歌山公共職業安定所	〒640-8331 和歌山県和歌山市美園町5-4-7	(073)425-8609
鳥取	鳥取公共職業安定所	〒680-0845 鳥取県鳥取市富安2-89	(0857)23-2021

島根	松江公共職業安定所	〒690-0841 島根県松江市向島町134-10　松江地方合同庁舎2階	(0852) 22-8609
岡山	岡山公共職業安定所	〒700-0971 岡山県岡山市北区野田1-1-20	(086) 241-3222
広島	広島公共職業安定所	〒730-8513 広島県広島市中区上八丁堀8-2　広島清水ビル	(082) 223-8609
山口	山口公共職業安定所	〒753-0064 山口県山口市神田町1-75	(083) 922-0043
徳島	徳島公共職業安定所	〒770-0823 徳島県徳島市出来島本町1-5	(088) 622-6305
香川	高松公共職業安定所	〒761-8566 香川県高松市花ノ宮町2-2-3	(087) 869-8609
愛媛	松山公共職業安定所	〒791-8522 愛媛県松山市六軒家町3-27　松山労働総合庁舎	(089) 917-8609
高知	高知公共職業安定所	〒781-8560 高知県高知市大津乙2536-6	(088) 878-5320
福岡	福岡中央公共職業安定所	〒810-8605 福岡県福岡市中央区長浜2-1-1	(092) 761-5605
佐賀	佐賀公共職業安定所	〒840-0826 佐賀県佐賀市白山2-1-15	(0952) 24-4361
長崎	長崎公共職業安定所	〒852-8522 長崎県長崎市宝栄町4-25	(095) 862-8609
熊本	熊本公共職業安定所	〒862-8688 熊本県熊本市中央区大江3-1-53　熊本第2合同庁舎5階	(096) 362-7100
大分	大分公共職業安定所	〒870-8555 大分県大分市都町4-1-20	(097) 538-8609
宮崎	宮崎公共職業安定所	〒880-8533 宮崎県宮崎市柳丸町131	(0985) 23-2245
鹿児島	鹿児島公共職業安定所	〒890-8555 鹿児島県鹿児島市下荒田1-43-28	(099) 250-6060
沖縄	那覇公共職業安定所	〒900-8601 沖縄県那覇市おもろまち1-3-25　沖縄職業総合庁舎	(098) 866-8609

(2016年1月現在)

日本介護福祉士会倫理綱領

1995年11月17日宣言

前文

　私たち介護福祉士は、介護福祉ニーズを有するすべての人々が、住み慣れた地域において安心して老いることができ、そして暮らし続けていくことのできる社会の実現を願っています。
　そのため、私たち日本介護福祉士会は、一人ひとりの心豊かな暮らしを支える介護福祉の専門職として、ここに倫理綱領を定め、自らの専門的知識・技術及び倫理的自覚をもって最善の介護福祉サービスの提供に努めます。

（利用者本位、自立支援）
1．介護福祉士は、すべての人々の基本的人権を擁護し、一人ひとりの住民が心豊かな暮らしと老後が送れるよう利用者本位の立場から自己決定を最大限尊重し、自立に向けた介護福祉サービスを提供していきます。

（専門的サービスの提供）
2．介護福祉士は、常に専門的知識・技術の研鑽に励むとともに、豊かな感性と的確な判断力を培い、深い洞察力をもって専門的サービスの提供に努めます。
　また、介護福祉士は、介護福祉サービスの質的向上に努め、自己の実施した介護福祉サービスについては、常に専門職としての責任を負います。

（プライバシーの保護）
3．介護福祉士は、プライバシーを保護するため、職務上知り得た個人の情報を守ります。

（総合的サービスの提供と積極的な連携、協力）
4．介護福祉士は、利用者に最適なサービスを総合的に提供していくため、福祉、医療、保健その他関連する業務に従事する者と積極的な連携を図り、協力して行動します。

（利用者ニーズの代弁）
5．介護福祉士は、暮らしを支える視点から利用者の真のニーズを受けとめ、それを代弁していくことも重要な役割であると確認したうえで、考え、行動します。

（地域福祉の推進）
6．介護福祉士は、地域において生じる介護問題を解決していくために、専門職として常に積極的な態度で住民と接し、介護問題に対する深い理解が得られるよう努めるとともに、その介護力の強化に協力していきます。

（後継者の育成）
7．介護福祉士は、すべての人々が将来にわたり安心して質の高い介護を受ける権利を享受できるよう、介護福祉士に関する教育水準の向上と後継者の育成に力を注ぎます。

執筆●梅方久仁子
本文イラスト●加島慈子
DTP●レオプロダクト
制作協力●メビウス
取材協力●有限会者すこやか すこやかホーム東洋町／公益社団法人日本介護福祉士会／社会福祉法人浄風園特別養護老人ホーム浄風園／株式会社やさしい手赤羽訪問介護事業所／社会福祉法人千葉県福祉援護会ローゼンヴィラ藤原／株式会社ジャパンケアサービスハッピーセンター東京西／大信産業株式会社小規模多機能みのりの家／居宅介護支援事業所江古田の森／学校法人敬心学園日本福祉教育専門学校／文京大塚高齢者住宅サービスセンター／公益社団法人東京都介護福祉士会
企画編集・デザイン●SIXEEDS

監修者紹介

公益社団法人　日本介護福祉士会

1994年に設立された介護福祉士の職能団体。2000年6月をもって、社団法人格を取得。2013年4月1日に公益社団法人に。介護福祉士の資質の向上と介護に関する知識・技術の普及を図るなどの目的で、各研修会や講座の実施、ケアプラン作成マニュアル等の出版などの事業を行っている。

〒105-0001　東京都港区虎ノ門1-22-13　西勘虎の門ビル3階
TEL (03)3507-0784　FAX (03)3507-8810
http://www.jaccw.or.jp/

まるごとガイドシリーズ②

介護福祉士まるごとガイド〔第4版〕
—— 資格のとり方・しごとのすべて ——

1999年11月30日	初　版第1刷発行	〈検印省略〉
2000年10月20日	初　版第3刷発行	
2001年7月15日	改訂版第1刷発行	
2006年3月1日	改訂版第6刷発行	
2009年8月10日	第3版第1刷発行	
2016年10月30日	第4版第1刷発行	

定価はカバーに表示しています

監修者　　（公社）日本介護福祉士会
発行者　　杉　田　啓　三
印刷者　　平　野　竜　太　郎

発行所　　株式会社　ミネルヴァ書房
607-8494　京都市山科区日ノ岡堤谷町1
電話代表 (075)581-5191番
振替口座 01020-0-8076番

©SIXEEDS, 2016　　　　シナノ書籍印刷

ISBN978-4-623-07837-0
Printed in Japan

福祉の「しごと」と資格まるごとガイド

監修　田端光美
A5判・324頁・1800円

まるごとガイドシリーズ

○一冊で資格のいかし方、職場生活の実態、将来性、資格取得情報を網羅。
○豊富な現場取材・客観的な統計・確かな情報で、職場のさまざまな現実と働く人の実感を伝える。

A5判・全巻平均148頁
①、②、④～⑳1500円　③1200円

❶社会福祉士まるごとガイド〔第3版〕　監修 日本社会福祉士会
❷介護福祉士まるごとガイド〔第4版〕　監修 日本介護福祉士会
❸ホームヘルパーまるごとガイド〔改訂版〕　監修 井上千津子
❹保育士まるごとガイド〔第4版〕　監修 髙橋貴志
❺理学療法士まるごとガイド〔第3版〕　監修 日本理学療法士協会
❻作業療法士まるごとガイド〔第3版〕　監修 日本作業療法士協会
❼看護師まるごとガイド〔改訂版〕　監修 田中美恵子
❽臨床心理士・公認心理師まるごとガイド　監修 亀口憲治
❾ケアマネジャー(介護支援専門員)まるごとガイド　監修 日本介護支援協会
❿ボランティアまるごとガイド〔改訂版〕　監修 安藤雄太
⓫栄養士・管理栄養士まるごとガイド　監修 香川芳子
⓬盲導犬・聴導犬・介助犬訓練士まるごとガイド　監修 日比野清
⓭言語聴覚士まるごとガイド　監修 日本言語聴覚士協会
⓮歯科衛生士・歯科技工士まるごとガイド　監修 日本歯科衛生士会／日本歯科技工士会
⓯福祉レクリエーション・ワーカーまるごとガイド　監修 日本レクリエーション協会
⓰精神保健福祉士まるごとガイド〔改訂版〕　監修 日本精神保健福祉士協会
⓱福祉住環境コーディネーターまるごとガイド　監修 高齢社会の住まいをつくる会
⓲義肢装具士まるごとガイド　監修 日本義肢装具士協会
⓳手話通訳士まるごとガイド　監修 日本手話通訳士協会
⓴保健師まるごとガイド　監修 全国保健師教育機関協議会

価格は本体価格

ミネルヴァ書房
http://www.minervashobo.co.jp/